TU OBRA
DORADA

TU OBRA DORADA

MªJosé Rosselló López

"SÓLO CON EL CORAZÓN SE PUEDE VER BIEN;
LO ESENCIAL ES INVISIBLE A LOS OJOS"
ANTOINE DE SAINT-EXUPÉRY

Título: *Tu obra dorada*
© 2019, MªJosé Rosselló López
Autoedición y diseño: MªJosé Rosselló López
De las ilustraciones interiores: MªJosé Rosselló López
Primera edición: mayo 2019
ISBN-13: 978-84-09-11183-1
mjrossellol@gmail.com

"Si escuchas una voz dentro de ti que dice 'no puedes pintar', entonces, por supuesto, pinta, y la voz será silenciada".

Vincent Van Gogh

ÍNDICE

Dedicado a todas las personas que, como yo, en algún momento se perdieron y sucumbieron a la oscuridad. A todas aquellas que, como yo también, **resurgieron con más fuerza de sus cenizas**.

Con mucho más AMOR si cabe, a todas aquellas que, por una u otra razón, aún siguen buscando la forma de escalar, y salir a la LUZ.

Para todas ellas. GRACIAS.

AGRADECIMIENTOS

En primer lugar, a la FUNDACIÓN RECAL, por la labor tan inmensa que hacen; por hacerme el RE-GALO de permitirme contribuir con ellos con parte de los beneficios de este libro. Gracias.

A Marta de la Rocha, gran amiga y una de las personas más generosas que conozco, por ponerme en contacto con ellos y apoyarme siempre. Gracias.

A Sandra, mi amiga del alma, por su perseverancia, por acompañarme en los momentos más tristes pero, sobre todo, en los más alegres. Por haber visto siempre la inmensa LUZ que había tras mi oscuridad, por empujarme a sacarla. Gracias.

A mis hermanos, Jorge y Joaquín. Son, y serán siempre dos fuentes de aprendizaje vital. Uno de ellos ya no está en este plano, desde allí, o desde aquí, te siento. Gracias.

A FER, mi compañero de viaje, por su paciencia infinita, su amor por mí, y sobre todo por él. Por apostar por nosotros y seguir creciendo juntos. Gracias.

Y, sobre todo, al Universo, a Dios, por prestarme sus alas y permitirme volar, allá donde el ALMA me lleve.

NOS AMO

GRACIAS GRACIAS GRACIAS

ESTE LIBRO ES PARA TI

"La primera alegría de un niño es sentirse amado" **San Juan Bosco**

Bienvenido de nuevo, querido lector, y ¡ENHORABUENA!

Has encontrado tu **esencia**, has obtenido **claridad**. Sabes cuál es tu **propósito de vida**, has superado obstáculos para poder hacerlo realidad y compartirlo con la humanidad.

¿Cuál es el siguiente paso, te preguntarás?

MANTENERLO Y HACERLO DESDE EL FLUIR CON EL UNIVERSO, EN ARMONÍA Y PAZ CONTIGO MISMO Y LOS QUE TE RODEAN.

La mejor y más fácil manera de hacerlo es tratar a tu **niño interior** con cariño y atención, tenerlo **alegre**, **sano** y **feliz**; abrazarlo como parte de ti que es.

Trabaja con él al unísono, es quien activa la CREATIVIDAD, quien te llena de vitalidad y te permite extender las ALAS, quien te permite volar y transmitir como canal, todo lo que te ha sido dado.

Limpia tus canales de toda tristeza, rencor y rabia, desprograma tus miedos y reconcíliate con tu pasado, déjalo ir con AMOR.

Llénalo de cosas buenas, es fundamental para que todo esto se produzca.

BIENVENIDO A BORDO DE ESTE NUEVO VIAJE.

SACA TUS PINCELES.

¡Comenzamos!

UNA CARTA DE AMOR

Te parecerá raro, pero quiero pedirte que empieces la lectura de este libro con un ejercicio: **escribir una carta de amor a ese bebé que un día fuiste**.

¿Te atreves?

Antes de nada, ponle un nombre a ese niño, tu **niño interior;** puede ser algún apodo tuyo o algún nombre que te guste –no importa cuál, lo importante es que te identifiques con él de manera **positiva**-.

De esta forma podrás establecer una comunicación más **amable y cercana**.

Podría ser algo así:

"Querida Mariajo:

Ante todo, GRACIAS por haber venido a este mundo. Te estaba esperando con los brazos abiertos, ésta es tu casa y ¡ERES BIENVENIDA!

*Querida niña, **te amo, eres valiosa**; te respeto tal cual eres de todo corazón. Eres LUZ, **una extensión del Universo hecha Vida, un canal limpio y hermoso**.*

Gracias por Existir, Gracias por Ser y Estar.

Te amo".

¿Qué te ha parecido? ¿Cómo te has sentido?

¿Verdad que a veces algo aparentemente tan sencillo, cuando te pones a ello, cuesta un poquito?

¿Verdad también, que cuando vences esa barrera y lo haces, tu ALMA se expande y sientes una enorme satisfacción?

Acabas de darte la bienvenida a este mundo.

¡ENHORABUENA!

ERASE UNA VEZ...

Este libro iba a empezar de una manera muy diferente, sin embargo, es lo que está naciendo y esto es lo que escribo.

En este momento me pongo al servicio de algo más grande que yo para que, a través de mí, pueda expresar y transmitir al mundo aquello que quiera decir.

Aquí y ahora extiendo mis alas y me rindo.

Es lo que es, SOY LO QUE SOY.

Podría contarte un cuento, ponerlo en tercera persona, y esperar que creyeras no tiene que ver conmigo lo que narro, pero estaría siendo poco sincera además de poco generosa y agradecida.

Todo lo que nos pasa en la vida, todas las dificultades por las que pasamos desde nuestro nacimiento, **tienen una razón de ser**.

Están motivadas por algo mucho más grande que trasciende a nosotros. Forman parte de tu proceso, de tu crecimiento y evolución.

Conforme vas superando todos estos obstáculos, es tu deber ROMPER LAS BARRERAS, DEJAR ATRÁS LAS APARIENCIAS Y PONER AL SERVICIO DE LA HUMA-

NIDAD TODA TU EXPERIENCIA Y SABIDURÍA DE LA QUE TANTAS PERSONAS SE PODRÁN BENEFICIAR.

¿Lo crees?

He vivido casi toda mi existencia de cara a la galería, intentando aparentar. Que no se viera mi dolor, haciéndome la dura.

Soy perfecta, quería decir al mundo. La verdad es que no lo soy en absoluto, y doy infinitas gracias por ello.

La única manera que tenía de salir de esa cárcel de apariencia en la que me había, y me habían metido desde mi nacimiento, era a través de hábitos poco saludables. Me podía haber dado por cualquier cosa, pero me dio por beber, me dio por el alcohol.

Con él me permitía bailar, cantar, enseñar mis "mierdas", hablar…

Mi **niña interior** por un momento se sentía libre y podía "jugar".

Pero, ¿lo hacía de verdad, o también aparentaba?

El alcohol, como la mayoría de las adicciones sirve para tapar e imaginar que tu realidad es muy distinta a la que estás viviendo. Te escondes en él y lo usas de vehículo, uno que te lleva directamente a la autodestrucción.

La necesidad tan grande que la **niña herida**, tenía de llamar la atención, se hacía cada vez mayor. El histrionismo era mi seña de identidad, **necesitaba que se me viera.**

Quería ser reconocida y había elegido hacerlo en negativo. Ya conocía la parte de ser una niña perfecta que todo lo hacía bien, y aun así sólo recibir palabras y gestos de "no es suficiente".

¿Por qué no probar otra forma?

Así me movía: dos *mariajosés;* una "perfecta", recta y seria; y otra, bebedora compulsiva en la que todo eran risas y desmadres ficticios.

Las dos yo, ninguna auténtica, las dos aparentando, las dos tapando.

El alcohol tiene la "virtud" de que, cuando lo pruebas por primera vez, sientes que tu cuerpo rejuvenece, te sientes libre, ligera, parece que vuelas y eres capaz de comerte el mundo.

Esta sensación hace que, toda persona que, como yo se sentía atrapada en su cuerpo, en las mentiras, sus miedos, los convencionalismos y las normas, viera un agujero por el que entrar y dar rienda suelta a todo lo reprimido.

Al principio, bien, qué divertido, ¿verdad?

Pero, ¿y luego...? ¿Qué pasa luego?

Cuando pasa el tiempo, y vas creciendo, sientes que te vas quedando atrás, que te estás quedando estancada. En realidad, no lo veía, no era consciente de ello, pensaba era así como tenía que ser...

Y mientras, los años seguían pasando, y una gran parte de mí seguía anclada en los 14 años, hasta que logré salir de ahí.

Una "adolescencia" prolongada en el tiempo, larga y dura, tanto para mí, como para todas las personas que me rodeaban.

De día, cuando estaba trabajando, era seria, estricta, intolerante, perfeccionista. Todo tenía que estar como yo quería, y además debía ser la primera en todo; **una**

carrera de fondo, una carrera en la que correr y correr era lo más importante para llegar a "ser reconocida".

¿Por quién? ¿La atención de quién quería llamar? ¿La de mi padre quizá? Probablemente.

Competía continuamente y rara vez lo que hacía me salía del corazón, DEL ALMA. La insatisfacción era constante, y el dolor cada día más profundo.

Después, cuando salía por la noche, o tenía algún tipo de reunión social, me transformaba en la otra Mª José. Esa que se quitaba unas máscaras y se colocaba otras, esa que quería ser la que más bailaba, cantaba, gritaba, hablaba…**siempre la que más, siempre compitiendo, siempre aparentando.**

Mi relación con los demás se fue deteriorando, mi estado de victimismo constante, mi vergüenza y mi culpa, hacía que me sintiera cada vez más aislada. La relación con mis padres se convirtió en una batalla campal en la que reclamaba atención, esa atención que de niña no había tenido y ¡la quería ahora!

A los dieciséis años le dije a mi padre que estaba segura necesitaba ir a terapia, que no me encontraba bien, había **algo en mí que sanar y quería hacerlo**. Sorprendentemente, dijo sí, y siempre le estaré agradecida.

Desde entonces, y hasta hoy, he ido sanando heridas; dejándolas cicatrizar y abrazándolas con amor, las he podido despedir.

Pero, no fue hasta que decidí dejar de lado el alcohol, que no pude enfrentarme de verdad a mis miedos más profundos, y decirles adiós.

¡Cuánto dolor en el camino y al mismo tiempo, cuanta satisfacción!

Tuve que **desaprender**, y aprender a hacer sin una copa en la mano, todo lo que antes hacía con ella. Me sentía perdida, en los entornos sociales sólo quería esconderme y desaparecer, tenía la sensación de no ser capaz de hablar ni comunicarme.

Mi cabeza me ardía y el corazón me salía por la boca, las ganas de tomarme una cerveza eran inmensas. Recordaba la sensación que de entrada me provocaba, esa manera en la que, de manera ficticia, se abrían los canales y podía sentir una cierta sensación de libertad.

Oía esa vocecilla diciéndome, *venga, toma una, te sentirás mejor. Qué daño te puede hacer…*

Inmediatamente le decía NO.

Este no es el camino, aguanta, lo conseguirás.

Me costó tiempo y esfuerzo ir quitándome muletas. Al principio tomaba cerveza sin alcohol con avidez, la ansiedad aún estaba ahí y con ella parecía que desaparecía.

Poco a poco esta sensación también desapareció. Gracias a Dios.

Tuve que hacer frente también, a las personas que me preguntaban por qué no bebía, mi contestación era siempre: no me sienta bien. La mayoría han sido educadas, otras no tanto…Esto forma parte del proceso, hay que asumirlo y seguir adelante.

Durante toda la época en la que mi muleta fue el alcohol, pasaron muchas cosas. También pude darme cuenta de la bondad que hay en el mundo además de **lo protegidos que estamos desde el otro lado.**

En una ocasión, de esta me acuerdo, la mayor parte de las veces me despertaba al día siguiente en mi casa sin saber cómo, ni cuándo, había llegado hasta ahí, y mucho menos qué había ocurrido esa noche.

Llegaba un punto en el que desconectaba, y perdía la noción de lo que estaba pasando. Mi mente hacía clik y se "quitaba de en medio" en aras de la autodestrucción.

Pero a lo que voy: una noche de esas "estelares", unos "quinquis", dos chicos con una pinta espantosa, con toda la pinta de drogarse y mucho más, me pararon…

Ahora, quizá os pongáis en lo peor, en este momento lo pienso y digo GRACIAS.

Estas personas aparentemente dañinas, me llevaron a desayunar, me obligaron a tomar un café con un buen bocadillo, y después me "dieron una charla".

Me preguntaron si quería acabar como ellos, que **cómo una persona como yo estaba en esa situación**.

Me explicaron como entraron en la rueda, ellos sentían que era tarde para ellos y me decían… ¡NO PARA TI!

Quería hacerme la dura, ni siquiera quería tomarme el desayuno, quería aparentar que era fuerte y no necesitaba ayuda y menos…de ellos.

Ellos, ÁNGELES VENIDOS DEL CIELO, no me hicieron caso, **siguieron hablando conmigo hasta que me ablandé, y empecé a llorar**.

Han pasado unos treinta años de esto, después seguí bebiendo mucho tiempo, pero aún hoy puedo ver sus caras y, si me los encontrara por el camino, los reconocería.

El universo quiso decirme, no estás sola, estás a salvo. Quiso mandarme ángeles en forma de "demonios" para que tomara conciencia de lo que me estaba haciendo y de cómo, **en todas las facetas de nuestra vida, las apariencias, engañan**.

SOY Y ME SIENTO UNA PRIVILEGIADA, TODO LO VIVIDO EN ESOS MOMENTOS, ME SIRVIÓ PARA CRECER Y DARME CUENTA DE LO IMPORTANTE QUE ERA **SER** YO MISMA, ENCONTRARME Y RECONCILIARME CON ESA NIÑA QUE UN DÍA FUI y que aún, seguía triste y rabiosa en mí.

Conforme los años iban pasando y seguía aferrada al alcohol, la agresividad iba en aumento. La rabia y la frustración daban paso a una víctima llena de dolor que daba patadas a diestro y siniestro buscando culpables, eximiéndose de toda responsabilidad.

Aun así, las terapias se sucedían porque yo **no cejaba en mi empeño de lograr la PAZ y la LIBERTAD que siempre había anhelado.**

Iba resolviendo temas y abriendo heridas que luego quedaban abiertas, hasta que por fin di con alguien que tuvo el valor de decirme: *"SI NO DEJAS DE BEBER no puedo seguir tratándote porque nada de lo que hagamos tendrá un verdadero resultado".*

De esto hace diez años, y **fue un dicho y hecho.**

Obtuve CLARIDAD y dejé de beber. Ahí empezó la verdadera SANACIÓN, el verdadero CAMBIO.

Podría contar anécdotas de todo tipo: desde el daño que producía a otros, hasta el daño que me producían a mí; pasando por el que **me estaba haciendo yo, a mí misma**. Quizá, éste último, el más doloroso de todos.

Vergüenza, culpa, frustración…miedo…

Una vez dejé de beber los sentidos se agudizaron y **empecé a disfrutar más de cada momento**, fue un camino largo y pedregoso. Un camino en el que cada piedra resultó ser una BENDICIÓN.

Hay determinadas situaciones que aún me cuestan, y

lo paso poco bien; quiero esconderme, pero sigo adelante.

Hay un refrán que dice: "*El hábito no hizo al monje*".

Tus actos, tus hábitos, sí.

Y eso es lo que hago: vencer mi miedo una y otra vez, hasta que se disuelve.

Un hábito se adquiere por repetición hasta que lo introyectas, y lo haces tuyo.

"Primero formamos hábitos, y luego ellos nos forman. Conquista tus malos hábitos o ellos te conquistarán a ti".

Rob Gilbert

Dentro del mundo del ARTE ha habido y habrá muchos artistas que han sucumbido al mundo de las adicciones en algún momento de sus vidas.

Los artistas, somos en general, seres de gran sensibilidad y gran emocionalidad. Nuestros canales están abiertos y receptivos, de manera especial, a toda EMOCIÓN.

El verdadero ARTE sale del ALMA del artista, y para ello, son muchas las veces en que el artista se tiene que desdoblar, y romper.

Expresar lo que sientes, lo que tu alma anhela y grita; enseñar las tripas, tus miedos a través de tu obra, exhibirte y desnudarte por completo, es la labor que todo artista debe tener.

Es un canal de transmisión por el que fluye la información que el Universo quiere dar, a través de sus

manos.

Muchos son los que, llevados por sus miedos a mostrarse, hacen uso de las adicciones para abrir ese canal y poder fluir.

En alguna ocasión lo hice así, PUEDE FUNCIONAR UN TIEMPO; A LA CORTA, **TE DESTRUYE.**

Hace muchos años, en 1995 concretamente, escribí este poema que hoy quiero compartir contigo:

"Maldito vaso empañado de sangre.

Vaso aquel que me marchitaste,

Que me quitaste la vida sin avisarme.

Apaga la luz,

Calma la sed de otra alma errante,

Y sal de la mía antes de destrozarme"

Ese era mi dolor y así lo plasmé.

Hoy lo veo de una forma completamente diferente; lo veo desde el **agradecimiento**.

La VIDA me hizo partícipe de todas esas experiencias **para hacerme más fuerte, dejar atrás todo lo aprendido, reaprender, y encontrar mi verdadera esencia, mi verdadero Ser.**

Para conseguir aquello que queremos, aquello para lo que hemos venido aquí, la mayoría de las veces tenemos que pagar un precio, y éste fue el mío. Uno de ellos…

La Vida, Dios, el Universo, como quieras llamarlo, TE VA PONIENDO OBSTÁCULOS EN TU CAMINO QUE, SI

SABES VERLOS CON EL CORAZÓN, Y LOS SUPERAS, TE HACEN MÁS FUERTE, Y DE ALGUNA MANERA, PASAS A UN SIGUIENTE NIVEL, **UN SIGUIENTE NIVEL DE CONCIENCIA**.

Ese vaso manchado de sangre, una vez solventado, se convirtió en una bendición.

Y más que quitarme la vida, me la dio. Me ofreció la oportunidad de volver a nacer, de conocerme cada día más y mejor y, crear una nueva vida desde el Ser, en armonía con el Universo.

"Conocer a los otros es sabiduría. Conocerte a ti mismo es iluminación".

Lao Tzu

Después de pasar toda esa oscuridad, la LUZ se hizo y **está brillando en todo su esplendor**.

La sed se mitigó y **la tuya también lo hará**.

No obstante, la necesidad de aparentar, seguían ahí… De hecho, sale de vez en cuando y vuelvo a sentirme perdida, dejo el poder y la responsabilidad en manos de otros; en el qué dirán, en qué pensarán, y eso, me debilita.

Lo hace durante poco tiempo, en seguida vuelvo a tomar las riendas, y vuelve la PAZ.

En definitiva, dejar de beber no hizo que dejara atrás las apariencias, **aún quedaba camino por recorrer**.

Mi mente, al verse privada de la muletilla del alcohol, se volvió a esconder detrás de la máscara de la perfección: volvió la niña herida seria, que todo lo hacía bien para sentirse querida y aceptada.

Todo estaba medido y estudiado, cada paso, cada palabra… ¡Cuidado! ¡No vayas a perder el control! ¡Has dejado de beber para eso! ¡Ahora eres "perfecta"!

¿Lo era?

Hace ya un tiempo, fui consciente de que la perfección no existe, es algo que construye nuestra mente. Lo que es perfecto para unos puede no serlo para otros, y viceversa.

Partiendo de esa base, está claro que "perfecta" no era, ¿verdad?

¿Qué estaba ocurriendo realmente?

Aún no había llegado a la base de mi dificultad.

La "niña herida" sentía que no podía divertirse, ni bailar ni cantar "sin ser descubierta". Si lo hacía volvería a descontrolar, a ser pasto de las miradas y no estaba dispuesta.

Me había costado mucho llegar hasta ahí…me decía. Había que ponerse la máscara de la Mª José perfecta y esta vez, las veinticuatro horas. Ya no había excusa para no llevarla, ¡había dejado de beber!

¿Era feliz?

Al principio puede que sí, había sido para mí toda una hazaña, un gran ejercicio de voluntad y amor hacia mí misma. **Quería vivir la vida despierta, lúcida y lo estaba consiguiendo.**

Aun así, construí un muro como la Gran Muralla China, un muro de contención a través del cual nadie podía pasar, quizá ni yo misma.

Nada comentaba sobre mí, se me hacía un nudo en la garganta solo de pensarlo, desconfiaba de todos, ¿y si lo cuento y me hacen daño? ¿Y si me hago daño yo al sacarlo a la luz? *"Soy perfecta y así he de mostrarme ante el mundo"*. Me decía…

> *"Creo que el perfeccionismo está basado en la creencia obsesiva de que, si corres con suficiente cuidado, pisando cada escalón perfectamente, no tendrás que morir. Lo cierto es que morirás de todos modos y que muchas personas que ni siquiera miran sus pies lo van a hacer mucho mejor que tú, y lo pasarán mucho mejor mientras lo hacen."*

Anne Lamott.

Vivir de esta manera hace no permitas que las personas lleguen a ti, y éstas se marchan. No encuentran reciprocidad al tiempo que tampoco encuentran cariño, por lo que se sienten rechazadas.

El miedo que sentía yo lo estaba provocando en los demás, no se sentían cómodos a mi lado.

Normal, ¿no te parece?

¿O querrías tener a tu lado a alguien que finge ser otra persona continuamente?

La AUTENTICIDAD es una de las virtudes y valores más importantes. Ser AUTÉNTICO, te abre los portales a las relaciones extraordinarias, y **una vida plena llena de amor y respeto por ti mismo, y por los demás**.

Habrá a quien no gustes, pero aquellos que se queden lo harán desde la confianza de saber quién tienen ante sus ojos.

Hermoso, ¿verdad?

Una vez lo haces, estás segura, y actúas en consonancia con tus VALORES y PRINCIPIOS, consigues ser tú. Y para hacerlo, y recordarlo, es necesario dejes atrás, y olvides, aquello que otros te dijeron que eras.

Soy yo, **SOY LO QUE SOY.**

"El verdadero AMOR, no es otra cosa que el deseo inevitable de ayudar al otro para que sea quién es".

Jorge Bucay

Recuerdo la primera vez que bebí, creo tendría doce o trece años, estaba en la fiesta de unos primos mayores y decidí probar una especie de sangría que habían preparado. Me empeñé y lo hice, me gustó la sensación.

Después de eso pasaron un par de años más o menos hasta que volví a tener contacto con la bebida, y desde ese momento ya no paré. Me gustaba, me sentía fuerte…Qué equivocada estaba…

El hecho de empezar fue por pertenecer al grupo, por hacer lo que hacían los demás; lo que ocurre es que me gustó y se convirtió en una dificultad.

Así es, en la mayor parte de las personas adultas que sucumben a las adicciones hay un **niño interior herido**, un niño que no vio satisfechas sus necesidades de cariño y atención cuando era pequeño; un niño cuyas emociones se reprimieron casi por completo.

Por otro lado, existe una parte importante que queda dañada, la CONFIANZA. Es decir, si de pequeño la confianza que tenías en tus padres se rompió eso puede producir que, según Bradshaw: "***El mundo te parezca un lugar peligroso en el que siempre tienes que estar alerta por lo que pueda ocurrir***".

La desconfianza pasa a formar parte de tu vida, empiezas a dar tumbos de un lado a otro, pasando de una situación extrema a otra. O bien confías ciegamente y tiendes a poner en un pedestal a las personas, o bien te encierras para evitar mantener cualquier tipo de comunicación.

Ambas situaciones igual de peligrosas y disfuncionales.

Otro tema importante que toca Bradshaw es el de la UNICIDAD.

Cuando nacemos, nos sentimos uno en nosotros mismos al tiempo que somos UNO con el universo. Estamos conectados de manera natural, es algo intrínseco a nosotros, no tenemos que buscarlo o encontrarlo.

Sabes que HAY ALGO MÁS GRANDE QUE TÚ.

Eres espiritual por naturaleza. Este Ser Único, se va olvidando conforme creces, **te vas metiendo dentro del rebaño para ser aceptado, y casi desapareces.**

En cierta forma eso es algo que me pasó a mí, cuando era pequeña me sentía especial, diferente, mi forma de pensar y ver la vida era completamente distinta a como la veían las personas que me rodeaban.

El seguir al rebaño no era algo que me interesara, hasta que perdí la confianza en mi familia, en Dios, el Universo, **y todo cambió**.

He de reconocer que mirando atrás **me doy cuenta de**

lo sumamente AFORTUNADA que soy, de lo mucho que me han cuidado aquí en esta experiencia material, y mucho más en el otro plano.

Siempre enviaban ángeles a cuidarme y protegerme incluso en los momentos de mayor desesperación.

Era increíble hasta donde podía llegar…

Es curioso cómo funciona la mente porque el resto de la semana, salvo que tuviera algún evento o reunión social, no bebía más que agua. Eso sí, el día que salía… antes de salir de casa ya me había tomado un par de copas a escondidas de mis padres, y después, las que cayeran…

Al principio parecía divertido, al cabo del tiempo **mi agresividad fue en aumento y cada vez dejaba más "heridos" a mi alrededor, la primera yo misma.**

Una de las cosas que me mantenían en mi estado de adicción era pensar que lo tenía controlado, que no era un problema en realidad. Como sólo bebía cuando salía o cuando tenía algún acto social…**pero la realidad es que SÍ era un problema y se estaba haciendo cada vez más grande.**

Mi vida iba cabeza abajo, cada vez más agresiva y víctima, cada vez más deprimida y doliente. Mi matrimonio se estaba convirtiendo en un caos, y la culpa siempre era del otro.

MI AMOR Y AGRADECIMIENTO A FER, ESTUVO SIEMPRE A MI LADO CONFIANDO EN MÍ Y EN MI RECUPERACIÓN.

Me había llegado a caer de una moto en marcha en la que iba de copiloto; a desmayarme, que me encontrara la policía y me llevara a casa con el consiguiente susto de mis padres.

Al día siguiente no me acordaba, me lo contaban. El dolor se apoderaba de mí, la culpa, y el remordimiento. Eso hacía que volviera a beber para olvidarlo, era una especie de círculo vicioso que parecía no tener fin.

Hasta que no fui capaz de ver hasta donde llegaba mi dificultad y me hice responsable de ella, no fui capaz de ponerle solución.

Un día toqué fondo, y hasta ahí llegué.

"Un buen día tocas fondo; llegas a una situación límite y ahí empieza la revolución personal"

Walter Riso

Lo que pasó no fue muy distinto a lo que me había pasado en otras ocasiones, pero sí fue la gota que colmó el vaso.

Además, llegó el fallecimiento de mi hermano, una muerte anunciada que llenó de dolor a toda la familia. No consiguió perdonar ni perdonarse a sí mismo, y decidió quitarse la vida.

Esto **me hizo reflexionar sobre la mía, sobre cómo quería acabar yo**.

La idea de irme de este mundo había rondado muchas veces mi cabeza así que cuando ocurrió esto, y vi el dolor tan profundo que dejó, decidí que mi vida tenía que ser distinta. **Empecé a querer de verdad que mi vida fuera diferente.**

Me propuse hacerme RESPONSABLE de ella, trabajar y ahondar lo suficiente para encontrar verdaderas soluciones a ese rencor, rabia y frustración que sentía desde hacía ya tantos años.

Esconder o negar lo que sentía tampoco era la solución, se trataba de encontrar la manera de PERDONAR Y PERDONARME, de saber que todo lo que mis padres, hermanos, familia, amigos, habían hecho, dicho o dejado de hacer, o decir, era fruto de su propio dolor y de su propia programación aprendida.

Entender que cada uno de ellos estaba atravesando su propio desierto, me ayudó a entender el mío y ser más COMPASIVA.

Cada uno de ellos, tenía su niño interior muy herido y eso es lo que me trasladaron a mí, **no supieron ni pudieron hacerlo de otra forma.**

Hasta entonces había ido a terapia, sí, buscaba soluciones, pero no estaba segura de querer encontrarlas.

Mi estado de victimismo era muy grande y hasta creo llegué a sentirme cómoda en él, al fin y al cabo, era lo que conocía y parecía que "me hacían caso"…

Llamaba la atención y de eso se trataba, de que se me viera a toda costa y sí, lo conseguí. **Todo lo que queremos de verdad, lo obtenemos y todo aquello a lo que prestamos atención, se expande.**

Toda adicción, del tipo que sea, responde a un trastorno obsesivo-compulsivo mediante el cual se suple una carencia emocional y se llena un vacío, o se cree que se llena porque cuanto mayor es la adicción mayor es el vacío y mayor la necesidad de llenarlo.

Se acaba convirtiendo en un círculo vicioso que sólo con VOLUNTAD, encontrando **la técnica y terapia adecuada para cada uno** (cada persona es un mundo y cada uno debe encontrar la fórmula que más se ajuste a él y a sus necesidades), y una gran CONFIANZA en que el cambio es posible.

TODO ES POSIBLE.

Esta fue mi experiencia y así te la transmito.

En mi caso, dejé el hábito, al igual que dejé de fumar, pero la compulsión seguía ahí, **debía estar muy atenta y decirme continuamente no, cuando la ansiedad aparecía.**

Poco a poco esta ansiedad fue desapareciendo, pero el vacío continuaba. Era necesario seguir ahondando para dar con el origen, y poder cambiar al mismo tiempo las conexiones neuronales que hacían tuviera ese comportamiento.

Y empecé a buscar qué era lo que realmente me pasaba, cuál era la verdadera razón de mi sufrimiento, con todo el esfuerzo que eso conllevaba.

Decidí hacer un trabajo que ha resultado ser una carrera de fondo, empecé a "pelar la cebolla", a ir descubriendo capas.

Ha sido un camino largo, a veces parecía que no se acababa nunca, me entraban ganas de tirar la toalla de puro cansancio, pero YA ME HABÍA DOLIDO LO SUFICIENTE, quería continuar hasta salir.

Porque, ¿sabes?

Una vez "sabes" ya no puedes volver atrás, tienes que continuar, no hay opción.

"Para cambiar tu vida por fuera debes cambiar tú por dentro. En el momento en que te dispones a cambiar, es asombroso como el universo empieza a ayudarte, y te trae lo que necesitas".

Louise Hay

Son muchos los artistas de todas las artes que han tenido dificultades o han coqueteado con hábitos poco
saludables. En este caso, me centraré en el mundo de
las artes plásticas que es el que más conozco.

A lo largo de este libro compartiré contigo experiencias
de magníficos artistas -muchos lograron sanar a través
del arte-, hoy muy cotizados, que tuvieron "una relación" con sustancias de distinta índole. Sustancias que,
de alguna manera, creían, tapaban un vacío y paliaban
un dolor.

AL PRINCIPIO PUEDE SER, PERO **¡RECUERDA!** A LA
CORTA, EL HUECO CADA VEZ SE VA HACIENDO MÁS
Y MÁS GRANDE.

¡Comenzamos!

UNA FUERZA SUPERIOR

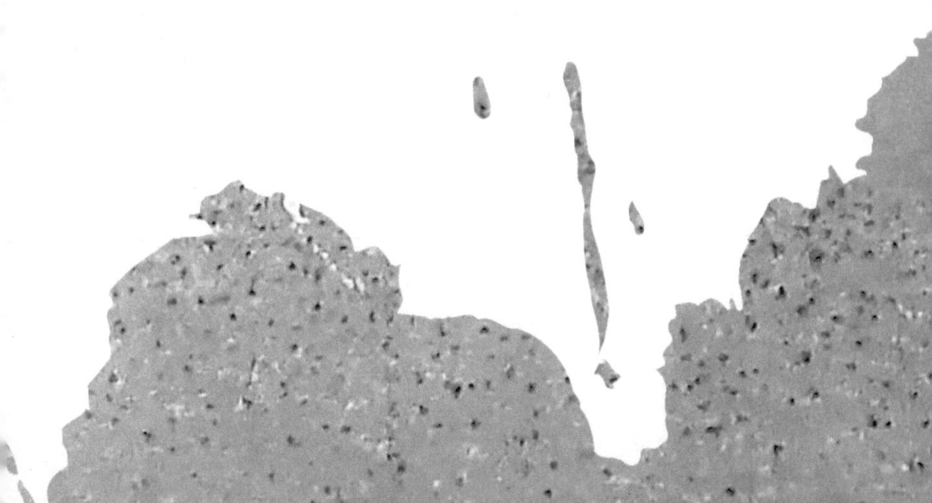

1
JACKSON POLLOCK

Uno de los iniciadores del **expresionismo abstracto** en Estados Unidos, hoy, su obra es de las más cotizadas.

Claro ejemplo de **niño interior herido**, su padre era un alcohólico que les abandonó y su madre una mujer estricta, empeñada en que su hijo fuera un gran artista.

Era el menor de cinco hermanos y siempre estuvo **buscando la atención y el reconocimiento**, hasta el mismo día de su fallecimiento.

De carácter irascible y voluble, pronto entra en contacto con el alcohol, en concreto a la edad de quince años, y ya no lo abandonaría hasta el final de sus días. Con la salvedad de cortos períodos de tiempo.

Logró revolucionar el ARTE, la forma en que, hasta entonces, se había entendido el arte abstracto. El éxito lo alcanzó **con un tipo de pintura que no se había hecho hasta ese momento**.

Una pintura gestual, en la que todo el cuerpo formaba parte de la obra, **una obra en movimiento: guiada por los brazos, las piernas y el corazón**.

Dejó de lado el caballete y los pinceles, y comenzó a pintar con el lienzo extendido en el suelo, al tiempo que se movía dejando caer la pintura.

Para ello, cualquier instrumento le valía: tenedores, cuchillos, palos…. Mezclaba la pintura industrial y los esmaltes con arena y cristales atomizados, creando una combinación de patrones, colores y texturas en las que ponía toda su ALMA y su CORAZÓN.

Cuando tienes delante una obra suya, al principio sólo ves gotas y manchas que se entrecruzan; al rato, **empiezas a ver su dolor, su necesidad de expresarse, su catarsis a través del arte**.

De hecho, llegó a decir:

"La pintura es un estado del SER…todo buen artista, pinta lo que es".

Al principio, nadie entendía muy bien lo que hacía, hasta que un periodista decidió hacerle una entrevista al tiempo que trabajaba.

Esa grabación de **Pollock**, trabajando de forma frenética, con absoluta FLUIDEZ, con una FUERZA y ENERGÍA inusuales, hizo se catapultara directamente a la fama.

El artista se había dejado ver, y todos podía ver su ALMA.

Unos años antes, Roosevelt había creado un sistema para ayudar a los artistas emergentes, a través del cual intervenían edificios, galerías y calles para dar a conocer su arte. Era un proyecto apoyado económicamente por el gobierno.

Pollock llegó a formar parte y estaba encantado, pero **la bebida seguía complicándole la vida.**

Llegó a entrar en un programa de desintoxicación liderado por la filosofía jungiana. Ahí **definió su arte**.

Empezó a interesarte por el arte nativo americano y tomó contacto con Picasso que le instó a definir límites claros en su trabajo.

Había encontrado la forma de arte que quería transmitir al mundo, cómo quería expresarlo y en qué forma.

La dificultad que tuvo es que no fue capaz de dejar de beber de forma definitiva. Murió joven, con 44 años, en un accidente que sufrió mientras conducía borracho.

Estuvo dos años sin beber, había conseguido dejarlo, pero se confió, **pensó que lo tenía controlado**, que no tenía problema alguno. Pensó que, si lo había dejado dos años, podría tomar una copa y volver a dejarlo cuando quisiera, pero **esto no funciona de esta manera**.

Una vez dejas una adicción, ya sea el tabaco, el alcohol, las compras, el juego, llámalo equis; lo que tienes que tener muy muy claro es que **has eliminado el hábito, pero no la compulsión**, esta ESTÁ DORMIDA CON GANAS DE SALIR SI SE PONE A TIRO Y LE DAS PERMISO.

Entender esto es primordial si quieres **sanar de verdad**.

Poco a poco, cambiando las conexiones neuronales, sanando las heridas desde lo más profundo, es posible que también hagas desaparecer la compulsión; mientras, está ahí y debes estar muy atento.

¿Has intentado dejar de fumar alguna vez?

Te habrás dado cuenta que de poco sirve decir voy a dejarlo poco a poco, ¿verdad?

Hoy te fumas uno, mañana dos, y pasado ya te estás fumando el paquete otra vez.

Hace años que dejé de fumar también, veintiséis años concretamente, y fue así.

Me dije: "Voy a ir al médico, me va a decir que deje de fumar –tenía los bronquios poco bien- y éste va a ser el último cigarro que me fume".

Así lo hice y hasta hoy.

Te diré, que **sólo he podido conseguirlo, teniendo en mi mente el hecho de ser adicta y TENER ABSOLUTA CLARIDAD EN ESTO: si vuelvo a darle una calada a un cigarro, vuelvo a fumar**. Como así le ocurrió a más de una persona cercana a mí.

Hoy es el día que, cuando pienso –gracias a Dios ocurre una vez cada mucho tiempo, o cuando sale el tema del tabaco, como en este momento escribiéndote-, en darle una calada a un cigarro, me gusta la sensación.

¿Ves?

Con la bebida pasa igual, dejarla hay que dejarla de golpe, de una vez, y tener muy claro que nunca puedes volver a beber.

Pollock se confió, y esa fue su perdición. **Su niño interior seguía clamando a gritos atención** y la consiguió. **Y la llamó con tanta intensidad que se ahogó**.

Cuando su obra alcanzó las cotas más altas en Estados Unidos, todo el mundo se lo rifaba, los coleccionistas le hacían encargos continuamente, **sentía estar en medio de una vorágine en la que ni siquiera podía ser**

él mismo, si es que alguna vez supo quién era en realidad.

Quizá **cuando pintaba, cuando entraba en ese estado de no-mente, de fluidez total y absoluta, sí**, el resto del tiempo, fingía y se sentía cada vez más perdido.

Eso que tanto reclamaba su niño interior, es lo que menos estaba preparado para recibir. Al no haberlo tenido a su tiempo, el adulto no sabía manejarlo, y se perdía en el laberinto.

Nunca quiso ser una estrella mediática, sin embargo, los medios, en eso lo convirtieron. Se le llegó a llamar el Prometeo americano, fruto de una gran manipulación social, económica y política.

Se sentía fuera de lugar, **se sentía una farsa**.

Muy característico también, de ese niño que ha vivido sin el AMOR, atención y el cariño necesario para convertirse en un adulto preparado para transitar por la VIDA, y superar las dificultades.

Se ahogaba en alcohol y se ahogaba en la atención que estaba recibiendo, de la que no se creía merecedor. Se sentía un farsante, como **hecho al revés**.

Era una fuerza de la naturaleza, una fuerza caótica que arramplaba con todo lo que se ponía a su paso. Le costaba controlar sus estados de ánimo, era **extremadamente sensible y emocional**, emocionalidad que no supo, o no quiso, resolver.

Sofocaba estos estados de ánimo con la bebida, lo que hacía se metiera en un círculo vicioso poco fácil de romper.

¿Recuerdas cuando te contaba que bebes para paliar la ansiedad y bajar el ritmo de tus pensamientos?

Durante un momento te sientes mejor, pero después viene el dolor, la rabia, la frustración, la culpa y el arrepentimiento. Esto trae consigo más dolor, y vuelves a beber para evitarlo, y así sucesivamente, haciendo tu agresividad cada vez más grande, y tu resistencia a las emociones cada vez más pequeña.

Un círculo que sólo puedes cambiar tú para hacer que se convierta en un círculo lleno de BENDICIONES y AMOR hacia ti mismo.

"El amor es la fuerza más humilde, pero más poderosa de que dispone el mundo"

Gandhi

Volviendo a su pintura.

No fue hasta que **Peggy Guggenhaim** pone los ojos en su obra guiada por la intuición de **Mondrian**, que **Pollock** no empieza de verdad su carrera artística y se da a conocer.

La perspicaz Peggy, le encarga un mural de grandes dimensiones: *MURAL*.

Este será el verdadero y definitivo punto de inflexión en su carrera artística.

Pollock ya se había enamorado de el gran formato tras conocer la obra de **Diego Rivera** por lo que, de entrada, parecía un reto bastante fácil. Pero no lo fue tanto.

Las ideas no querían llegar, y la inspiración tampoco. Pasaban las semanas y el mural seguía como al principio, en blanco.

En una de estas, Peggy se enfadó y perdió la paciencia, instándole a realizarlo de manera inmediata.

Esa noche, **como guiado por una fuerza superior, empezó a pintar y lo terminó**. Con ello inauguró, sin saberlo, el expresionismo abstracto.

Una pintura llena de ENERGÍA, MOVIMIENTO, velocidad y PASIÓN; una pintura gestual, INTUITIVA, llena de estallidos de color.

Parecía que toda la rabia contenida en su interior, su frustración y su dolor, estallaban contra el cuadro como un volcán. **Encontró su forma de expresión y la forma de paliar a ratos su dolor.**

Poco a poco se fue separando de la figura de Picasso y otros mitos, encontrando su propia forma de expresión.

De esta manera de pintar surge el *action painting* y de él, la técnica del *dripping,* que marcarán un antes y un después en la forma de concebir la pintura.

Estas técnicas permiten la **conexión directa del pensamiento con la acción** del artista. Son obras que parecen hechas en estado de trance, guiados por la intuición, por una fuerza lógica interna.

Se trabaja en el suelo, sobre grandes superficies en las que el lienzo es una especie de "campo de juegos" en el que puedes dejar VOLAR tu IMAGINACIÓN, hasta donde tu ALMA te lleve…

Sin intermediarios, con total espontaneidad.

La inmensidad de su obra hace que tú, como espectador, te sientas partícipe de la misma, que "entres" directamente en la composición, y formes parte de ella.

Pollock había descubierto una forma de dejar a su niño interior libre, despojado de todo condicionamiento y racionalidad.

"Cuando estoy en mi pintura, no soy consciente de lo que estoy haciendo".

Jackson Pollock

Tras volver a la bebida después de dos años, su arte se volvió más oscuro. Dejó atrás el *dripping* y el *action painting* para pintar en blanco y negro, pero no obtuvo éxito alguno. Volvió a entrar en un círculo vicioso del que ya no se recuperó.

Estaba interesado y profundizó bastante, en la teosofía y en el chamanismo; también en el panteísmo y la relación entre el hombre y el animal.

Para él, como para mí, el artista es un canal, una especie de chaman en **conexión con el universo, con la naturaleza misma, cuya función es expresar todo lo que, desde su interior, ésta le transmite**.

El arte brota con total fluidez, sin obstáculos.

Murió joven, tras volver a la bebida, un día, se estrelló contra un árbol. ¿Pudo ser un suicidio? Quizá, pero lo que SÍ está claro es que el ALCOHOL, no le permitió vivir en plenitud.

Utilizó sus adicciones para esconderse, pero **no pudo esconderse de sí mismo**, y el dolor era cada vez más fuerte.

¡Es tan importante enfrentarte a tus temores, a tus demonios!

Mirarles a la cara, y profundizar para SANAR. Por mucho que huyas, por mucho que te escondas, te encontrarán.

¿No es mejor dejar de correr, pararte, y empezar a ACTUAR?

Da miedo, claro que sí. Asusta bucear en las profundidades de tu ALMA, pero una vez lo haces, ¡son tantos los BENEFICIOS! ¡Tantas las BENDICIONES! ¿Qué por qué dejarlo pasar?

Pollock decidió rendirse, no sin antes dejar un enorme legado para los artistas nóveles: *"Merece la pena echar a perder un cuadro para arriesgarse a expresarse de forma diferente".*

Él se arriesgó, lo hizo y triunfó. Dio un giro al mundo del arte, una forma nueva de expresión y observación de la pintura. Lo hizo, sí, sin embargo, no logró el equilibrio. Su balanza se descompensó, y a nivel personal, se hundió.

¿Qué quieres hacer tú?

Busca ayuda si lo necesitas.

Tus sueños te están esperando, el mundo te está esperando, y es tan maravilloso descubrirlo desde la claridad y la lucidez de la mente y el alma…

SAL DE TU ESCONDITE, VE A POR ELLO.

CUANDO MENOS TE LO ESPERAS

2
EDVARD MUNCH

N ace en 1863 en Oslo, Noruega, uno de los países más pobres de Europa en ese momento.

Una modesta ciudad en la que el trabajo infantil estaba a la orden del día, así como una devota moral pietista.

A los diecisiete años **sabe que quiere ser pintor** y abandona sus estudios de ingeniería.

Vivió atormentado toda su VIDA, pero se negó a curarse para poder seguir pintando el lado más oscuro del ALMA humana.

Perdió a su madre muy joven, y fue educado por un padre estricto en exceso y obsesionado con el pecado. Al crecer, su **niño interior** estaba doliente y reprimido, atribulado por los recuerdos del pasado…

De pequeño, en la cama, su padre solía contarle historias de terror, monstruos y pecadores; le amenazaba con el demonio si no se dormía pronto.

Esto marcó toda su vida y después, su pintura.

De alguna manera, estos relatos sobre la muerte se hicieron realidad, pues no solo su madre, sino también su hermana, fallecieron cuando él aún era un niño; con cinco y catorce años respectivamente.

"Pinto de mi memoria las impresiones de mi infancia".

Munch

Es CURIOSO como **todo aquello en lo que te concentras se expande. Todo aquello en lo que piensas habitualmente, lo estás atrayendo a tu realidad.**

Y parece que así le ocurrió a Munch, tanto había oído de la enfermedad, tanto miedo le daba y tanta importancia le otorgaba, que ocurrió lo inevitable: él también enfermó y tuvo que estar en cama durante mucho tiempo.

Sin poder ir a la escuela ni relacionarse con nadie, hizo que se retrayera cada vez más, llegando a convertirse en un hombre solitario y desconfiado.

Pensaba que formaba parte de una maldición familiar.

En relación a esto, me gustaría contarte algo.

Tanto mi madre como mi abuela se llamaban África. Es un nombre que me encanta por lo que, en una ocasión, le pregunté a mi madre la razón de no llamarme África también.

La respuesta fue inmediata.

En toda su SABIDURÍA, la que le daba los años y una gran INTUICIÓN, mi madre me dijo sin pestañear: "Hija, para ver si tú eres capaz de romper la maldición familiar".

Aun es el día que, cuando lo recuerdo, me emociono y aún me centro más en la escritura de estos libros. Poder liberarme y al tiempo poder liberarles a ellos, es toda una BENDICIÓN, un REGALO del Universo.

Parece que Munch algo intuía en esa dirección.

Muchas de las cosas que nos pasan, muchos hábitos y reacciones, nuestra relación con el dinero, las adicciones, las personas…tienen en parte que ver con una huella transgeneracional, una huella que quedó marcada y se va transmitiendo de generación en generación.

¿O no es verdad que a veces tienes la sensación de no saber por qué en tu vida se repite tanto una determinada cosa?

¿De sentir que eso en realidad no te pertenece?

«Se nos ha dado la elección de liberarnos de la repetición para nacer a nuestra propia historia»

Ann Ancelin Schützenberger

Edvard utilizó **el arte como terapia** para aliviar la ansiedad; cada vez que le aparecían los miedos, **se ponía a pintar y mejoraba.**

Representaba las cosas tal y como las veía en su cabeza, tal y como recordaba aquello que había vivido.

Su primer cuadro fue *Niña enferma,* dedicado al doloroso acontecimiento que marcó los primeros años de su infancia: la muerte de su hermana.

Hizo hasta cinco versiones del mismo y algunos grabados. En él se puede observar aún cierta tendencia naturalista, pero empieza a vislumbrarse dónde pone la atención el artista: **más en la experiencia interna** que en la realidad superficial.

Quiso capturar su energía, dejarla concentrada en un cuadro para toda la eternidad. La pintó guiado por su sentimiento de culpa, **sentía que podía haber hecho más por ella.**

Culpa y obsesión, rasgos característicos del niño interior herido. Se siente "culpable" de todo lo que pasa a su alrededor, se hace responsable de las dificultades de los demás, haciéndolas suyas. Se obsesiona hasta el infinito, entrando en bucle una y otra vez.

Niña enferma, no gustó demasiado y fue bastante criticada porque se alejaba mucho de los cánones establecidos. Hoy se considera la obra que marcó el movimiento conocido como **Expresionismo.**

Munch tuvo serias dificultades para dedicarse a la pintura ya que ni su padre, ni sus vecinos, ni la sociedad, lo aprobaban.

En la Noruega de aquel momento, y mucho más en una ciudad tan pobre y puritana como era Oslo entonces, el mundo de la pintura era un mundo de perdición y pecado.

Como rebeldía, decide meterse en un grupo bohemio y polémico en el que **descubrió la bebida,** y a ella se unió hasta el final de sus días.

Bebía desde bien temprano y nunca quiso dejarlo, como tampoco quiso resolver sus problemas psicológicos que cada vez se agravaban más con el alcohol porque, como el mismo decía: *"No quiero deshacerme de mi enfermedad. Mi sufrimiento es parte de mí mismo y destruirlo acabaría con mi arte. Igual que Leonardo da*

Vinci estudió anatomía humana diseccionando cadáveres, yo quiero diseccionar almas, penetrar en el territorio místico del inconsciente".

Se sentía cómodo en su estado de **victimismo**, se escudó en la creencia de que necesitaba sus adicciones para conectar con el ALMA, para conectar con su pintura.

Hay muchos artistas que así lo creen, yo misma así lo pensé durante años, pero hoy es el día que puedo decir:

¡Cuán equivocada estaba!

Soy el vivo ejemplo de SÍ SE PUEDE. Sí se puede fluir, entrar casi en estado de trance, conectar con lo más profundo del Ser y conectar de Alma a Alma, sin necesidad de acudir a sustancias externas.

TODO LO QUE NECESITAS ESTÁ YA EN TI. LA FUERZA ESTÁ EN TU INTERIOR, ALLÍ DONDE RESIDE EL AMOR.

*"En el amor reside la fuerza y cualquiera que
ama mucho, hace mucho, y puede lograr mucho,
porque eso hace el amor".*

Van Gogh

Existen varias técnicas que te pueden ayudar; te las iré contando más adelante, a lo largo de este libro, además de bucear un poco más en esta terapia tan maravillosa que es el ARTE.

¿Las quieres?

Son para ti.

Mientras, sigamos de la mano Munch...

Ese dolor de infancia, el dolor de la pérdida, hacía que huyera continuamente de toda responsabilidad, sufriendo también de "una gran alergia al compromiso" y, sobre todo, a las mujeres.

Mantenía con ellas una relación de amor/odio. Era un hombre que causaba muy buena sensación, las mujeres se sentían atraídas por él, pero en el momento en que se empezaba a convertir en algo serio, las dejaba.

En una ocasión, tuvo una relación con una mujer casada que, según él, le "embaucó". Este hecho le produjo un profundo pesar, y reforzó su sentimiento de culpa al recordar las historias de mujeres pecadoras que le contaba su padre cuando le leía la Bíblia.

Cuando muere su padre, se obsesiona con el suicidio, pero no lo hace, porque **quiere seguir creando, quiere seguir plasmando su dolor en un lienzo**. Esta idea es más fuerte que la idea de seguir viviendo una VIDA que no le gusta.

Seguía enganchado a la botella, y su carrera no tenía mucho éxito, **nadie entendía su arte**.

Un día, viviendo ya en Berlín, le dan la oportunidad de realizar una exposición que resultó ser un completo desastre envuelto en una crítica aplastante.

Tenía 25 años y expuso 110 obras. Se consideró un escándalo y una provocación.

La muestra se cerró a los seis días de la inauguración, y aquí viene lo sorprendente del Universo, **esta polémica fue el trampolín que necesitaba para encumbrar su carrera y convertirse en uno de los artistas más prominentes e importantes de Alemania en ese momento.**

Muchas veces la BENDICIÓN llega del lado más inesperado. Todo aquello que un principio puede ser poco bueno, puede convertirse en toda una oportunidad.

Para Munch, así fue.

Le empezaron a llover encargos y a ganar mucho dinero que, por supuesto, gastaba.

Nunca tuvo miedo a morir, decía ya estar muerto desde que nació. Para él, el verdadero nacimiento era morir.

Al igual que **Frida Khalo,** consideraba sus PINTURAS COMO SU DIARIO.

Las emociones poco gratas que todas las personas experimentamos en algún momento de nuestra VIDA: miedo, aislamiento, soledad… **él las eleva a un nivel que toca el ALMA de todo tipo de personas, de toda clase y condición**.

¿Conoces su obra *El Grito?*

Se ha convertido en una especie de *Mona Lisa* moderna.

Se inspiró para crearla en su propia vida atormentada y, según una carta que dejó escrita, surgió de la ansiedad que sintió al pasear por un sendero.

De pronto el sol se puso y, "lenguas de fuego" le acechaban. "*El cielo se tiñó de rojo sangre*", se paralizó y sintió un grito infinito y desgarrador que parecía atravesar la naturaleza.

Si tenía alguna dificultad mental o no, es poco relevante. Puede que sí, o puede que no, pero lo que sí hizo fue dar forma al mito de "artista loco", incomprendido, inconformista y marginado.

Al mismo tiempo, era un hombre que **creía en su TALENTO, sabía tenía algo para dar, y siempre encontraba nueva fuerza para continuar.**

"Yo no pinto lo que veo, pinto lo que he visto"

Fue un pionero.

Es de los primeros que **se lanza a explorar de forma radical las profundidades psicológicas del individuo** moderno.

Es la punta de la lanza, y lo hace como ningún otro de sus contemporáneos.

Celos, muerte y enfermedad, pero también procesos pictóricos y **una constante búsqueda de su propio lenguaje, su propio estilo**.

El tema latente de su obra es la persona, el ser humano, lo que le permite seguir siendo actual al día de hoy.

Siempre tenía en cuenta la mirada del espectador, tu mirada, de una forma que hace entres en relación directa con la imagen. **Se trata de lo que sientes tú como observador**.

En algún momento Munch, perdió la confianza en el amor, para él es un sentimiento doloroso que solo puede traer frustración. Su niño interior está tan herido que necesita mostrar "el lado oscuro y amenazante" de este sentimiento.

¿Es eso amor en realidad?

No.

En el AMOR de verdad, en el puro e incondicional, no existe el sufrimiento. Es una forma tan elevada de conciencia, un estado tan lleno de GENEROSIDAD y AGRADECIMIENTO, que solo puede aportar SERE-NIDAD, PAZ y una enorme conexión con la Madre Tierra y el Universo

Cuando el dolor y el sufrimiento se manifiestan, lo hacen de la mano de los apegos, y éstos no vienen aparejados al AMOR, sino a la necesidad.

"El mundo está lleno de sufrimiento. La raíz del sufrimiento es el apego a las cosas. La felicidad consiste precisamente en dejar caer el apego a todo cuanto nos rodea"

Buda Gautama

En una ocasión alguien le dijo: "*Usted puede hacer desaparecer su sufrimiento*", y él contestó: "*Pertenece a mi arte, quiero mantener ese sufrimiento*".

Estaba tan **apegado a su dolor** que no quería soltar, lo que le trajo mayor sufrimiento aún. Un hueco cada vez más grande y cada vez menos fácil de llenar.

El alcohol "le sirvió" durante una temporada, pero al poco tiempo, se convirtió en su destrucción. Su inclinación le mantuvo atado hasta el final de sus días en esta experiencia material.

Creía ser y sentirse libre cuando pintaba. Sin embargo, ni siquiera ahí lo era.

¿O crees que necesitar de estímulos externos, como la bebida, el sufrimiento o cualquier otra cosa, le hacía libre?

En absoluto, esa era su ilusión, pero lo cierto, es que cada vez era más esclavo, y lo era, sobre todo, como dependiente, de sí mismo.

¿Es así como quieres vivir?

SUELTA. AMA LIBRE DE APEGO.
TE SENTIRÁS MÁS LIGERO Y PODRÁS VOLAR.

66

EL RUIDO
Y LA FURIA

3
CARAVAGGIO

N ace en Milán, Italia, en 1571.

Su padre, Michelangelo Merisi, era administrador de las propiedades del marquesado de Caravaggio, una ciudad de la provincia de Bérgamo. De ahí su sobrenombre.

Su verdadero nombre era Michelangelo Merisi.

Se quedó huérfano a la edad de cinco años, lo que influyó en su carácter y en su pintura, así como el hecho de que muchos miembros de su familia eran clérigos.

Su realismo es brutal, tanto o más que su personalidad. Todo es sencillo, franco, directo. **Tiene el poder de la verdad ante la cual es imposible resistirse**.

Tenía un enorme talento para describir la realidad**, para representar el ALMA humana.**

Su VIDA estuvo llena de contrastes, de luces y sombras, una existencia llena de aventuras y grandes desafíos que supo reflejar de forma magistral en su pintura.

Visitó a partes iguales palacios y cárceles, así como tocó tanto el lodo como la gloria. De carácter agresivo y pendenciero, murió joven, no sin antes dejarnos un corto, pero espectacular legado.

Era habitual encontrarlo **por las noches tumbado en el suelo de la calle a causa del alcohol**, metiéndose en peleas continuamente.

No se sabe si ya era agresivo antes de empezar con su adicción al alcohol, lo que sí es seguro es que **ésta agravó de forma sistemática su carácter.**

Esa es una de las "virtudes" de toda dependencia y, en concreto, del alcohol, te va cambiando poco a poco, hasta hacerte irreconocible.

De alguna manera eso me ocurrió a mí, la niña herida cada día estaba más perdida, más enredada en una maraña inmensa de la que no sabía cómo salir.

Una gran frustración se iba apoderando de mi Ser, al tiempo que me iba volviendo cada vez más irascible y desconfiada.

El mundo se convirtió en un campo de batalla en el que tenía que "pelearme a diario para sobrevivir", pues "todo el mundo quería hacerme daño" y era necesario defenderse.

¿Te imaginas vivir así?

¿En un nivel de alerta constante, con un miedo a todo lo que te rodea?

¿Qué hacía?

Volver a beber para paliar momentáneamente esa sensación, y el círculo vicioso se hacía cada vez más grande y más cerrado.

Una vez toqué fondo y me dije: "Se acabó. Se acabó hacerme daño, se acabó hacer daño a los demás. Se acabó el dolor y el sufrimiento. Si éste ha de existir que así sea porque estoy atravesando un desierto en pro de la sanación".

ME ARMÉ DE VALOR, Y EMPECÉ A HACER USO DE OTRAS ARMAS. ARMAS SANADORAS, LAS QUE VIENEN DE LO MÁS PROFUNDO DEL ALMA. ARMAS QUE ME LLEVARON DIRECTA A LA SUPERFICIE, RESURGIENDO DE MIS CENIZAS.

No lo hice sola, en el camino me acompañaron grandes profesionales a los que estaré siempre inmensamente agradecida.

"De eso se trata, de coincidir con gente que te haga ver las cosas que tú no ves. Que te enseñe a mirar con otros ojos".

Mario Benedetti

Si a Caravaggio le interesaba o no mejorar su estilo de vida y dejar sus adicciones, no se sabe, aunque lo más probable es que no. De alguna manera se sentía "cómodo" en su desesperación pues recibía la atención que, desde pequeño, se le había vedado.

Lo gritaba en la calle, en la taberna, en su casa, con su familia, con sus amigos y, también, en su pintura. Y hay que reconocer que esta manera de "gritar" en el arte, lo hacía de manera magistral.

Necesitaba ser reconocido, que se le viera y decidió hacerlo de forma negativa, DESTACAR EN NEGATIVO, hasta su autodestrucción.

Durante su estancia en Milán, tuvo la oportunidad de estudiar con detalle la obra de **Tiziano**, *La flagelación de Cristo*, y la *Última Cena* de **Leonardo da Vinci.**

En ellas seguro después se inspiró para el estudio de la luz y la tragedia humana, además de servirles de vehículo para la representación de **las emociones, expresiones, y movimientos del alma.**

"No deben sólo mirar mis cuadros, no deben sólo contemplarlos, deben sentirlos"

Eso decía y lo consiguió.

Con Caravaggio ya no somos meros espectadores, somos testigos directos de la acción que está delante de nosotros. Formamos parte de ella, pasamos a estar implicados en su totalidad.

Su inspiración la extraía de las imágenes que veía a su alrededor, en la calle, en las tabernas…

Revolucionó el mundo del arte y redefinió la forma de ver el realismo. Su obra, por diferente, empezó a "llamar la atención" entre la sociedad de la época y se lo sorteaban.

La PASIÓN viene del ALMA, y nadie como él para representarla.

Si **Munch,** se inspiró en "las lenguas de fuego" que vio cuando se paró a descansar en un puente, Caravaggio lo hizo en el fuego que le ardía por dentro, y no sabía cómo sacarlo fuera sin dañarse.

Curiosamente, estaba muy interesado en la **alquimia y la astrología,** y en ellas se basa para realizar una de sus obras menos conocidas: *Júpiter, Neptuno y Plutón.*

Fue la única pintura mural que realizó, y lo hizo con estuco, al igual que Leonardo en la *Última Cena.* Con la diferencia de que la de Caravaggio no se deterioró, aunque se llegó a conocer mucho más tarde.

Ahora me gustaría enumerarte algunas de las características que, según grandes especialistas como Will Gompretz, y que comparto, tenía este artista revolucionario y apasionado.

Quiero hablarte de ellas no solo para que conozcas mejor a este magnífico artista, que también, sino, sobre todo, **para INSPIRARTE a buscarlas en tu interior y mejorar tu VIDA.**

Caravaggio no supo sacarles todo su jugo, estaban dentro de él y las canalizó de forma que, creó grandes obras, sí, pero se autodestruyó y destruyó a todo aquel que se encontraba a su paso.

Un cuchillo tiene varias utilidades: una es la de cortar los alimentos, y otra la de "cortar" al ser humano.

De igual forma que, en tu mano está usar ese cuchillo de una manera o de otra, **en tu mano está también usar estas características y cualidades de manera adecuada, de la manera que te permita vivir libre y en paz.**

¿Lo quieres?

Como hombre apasionado, la PASIÓN, era una de sus características principales. Era algo que **le venía de dentro, y le brotaba a cada paso que daba.**

Le servía de motor para llevar a cabo todo aquello que quería, le empujaba hacia delante. Tenía una gran VOLUNTAD cuando se proponía algo, y ésta estaba guiada por su apasionamiento.

¿POR QUÉ NO USAR ESTE ENTUSIASMO Y ESTA VO- LUNTAD PARA BUSCAR DENTRO DE TI, BUCEAR EN

LAS PROFUNDIDADES DE TU ALMA, Y DESPEDIRTE DE TODO APEGO O DEPENDENCIA?

Desde adolescente, Caravaggio, empezó a formarse en el estudio de artistas de su época de los que quería aprenderlo todo. Trabajó muy duro y **se encargó de descubrir qué hacía grandes a los más grandes de la pintura.**

¡Qué importante es esto!

Eso que tanto nos repiten hoy día, modelar (que no copiar) a los mejores, para lograr nuestros objetivos, ya lo hacía de forma intuitiva el joven Caravaggio en la Italia del siglo XVI.

Cuando tienes un objetivo, sea cual fuere, es esencial ir adquiriendo hábitos saludables que nos vayan acercando cada día un poco más a él.

Para no sentirte solo en el proceso, siempre puedes acudir a personas que ya hayan logrado esos resultados y te puedan acompañar en el camino. Personas que, en algún momento estuvieron donde tú estás ahora, y llegaron a superar sus dificultades. **Lograron lo que tú quieres lograr.**

Esto te dará la fuerza y el impulso necesario para continuar, y atravesar el desierto con algo menos de sed. Incluso podrás "descansar" de vez en cuando si es necesario.

Irás modelando, hasta que poco a poco, renazcas y tengas tu propia voz.

"A veces tienes que morir por dentro para poder renacer de tus cenizas, creer en ti mismo, y quererte para convertirte en una nueva persona".

Gerard Way

Otra de sus cualidades era la CURIOSIDAD. Como a Leonardo, le interesaba todo y tenía una gran capacidad para aprender.

No se puede CREAR nada interesante a menos que te interese algo y, de esto, iba sobrado.

Quería encontrar nuevas formas de representación, lo que le llevó directamente al campo de la óptica, que en ese momento se podía equiparar a la era digital que hoy vivimos.

Su curiosidad hizo que empezara a buscar, y en esa búsqueda encontró todo lo que necesitaba.

¿Qué te parece si haces uso de tu CURIOSIDAD, si la potencias, para buscar nuevos caminos que te ayuden a mejorar tu VIDA?

Una vez la sientas, ponte en marcha, ponte a buscar. Toma acción, es la única manera de llegar a encontrar.

¡Salta del sillón, y ve a por ello!

Tenía un gran INGENIO, que se agudizaba con la necesidad que pasó en muchas ocasiones. EXPERIMENTABA continuamente hasta dar con aquello que consideraba mejor para su pintura en ese momento.

Durante el proceso de experimentación dio con la solución a una dificultad pictórica que le preocupaba.

No tenía dinero para pagar a un modelo, pero gracias a sus conocimientos sobre óptica, un día, **se topó de frente con el mejor modelo que podía tener: ¡Él mismo!**

SI NO ENCUENTRAS LO QUE BUSCAS, LO CREAS, Y SI NO, TE LO INVENTAS.

Lo pensó, lo creyó y lo creó.

Eso hizo este genial artista, inventar la forma que mejor le venía en ese momento tanto a él y a su economía, como a su pintura.

A partir de ahí, da comienzo una nueva era para el arte. Gracias a este trabajo de experimentación se abren las puertas al Barroco.

¿Lo ves?

Una vez te pones en marcha y empiezas a buscar, la solución aparece ante tus ojos cuando menos lo esperas. Tu INGENIO está ahí para ayudarte, úsalo.

Y en este buscar la mejor forma, hizo su aparición la INNOVACIÓN. La que le venía por su gran pasión, y necesidad de romper las reglas establecidas.

Su carácter lleno de contrastes le llevó a desarrollar una técnica llena de contrastes también: el **claroscuro.**

LUZ y oscuridad, luces y sombras. Las suyas propias plasmadas en un cuadro.

Quería llegar a lo más profundo del espectador, que éste, que tú, te toparas de frente con su ALMA, y pudieras interactuar con ella. Las imágenes sientes que salen del cuadro, que las puedes tocar.

Cuando tienes delante alguna obra suya, entras en su historia, o ¿a quién crees que ofrece Salomé la cabeza de San Juan Bautista en *Salomé con la cabeza de San Juan Bautista?*

Sin duda, a ti, a mí, a nosotros.

Se INSPIRABA en el sufrimiento, en el drama, y quería llegar a ti a través de él. De hecho, lo buscaba como una **droga, una dependencia total**, que le llevó a una total autodestrucción.

¿Es eso lo que quieres?

Se puede disfrutar de una VIDA llena de inspiración, innovación, ingenio y pasión, sin necesidad de tanto sufrimiento y dolor.

SE PUEDE, y además se PUEDEN HACER GRANDES COSAS.

Para ello necesitas CONFIAR en ti, AMARTE de manera incondicional, y PERDONARTE desde lo más profundo de tu corazón.

*"Un pájaro posado en un árbol nunca tiene miedo
de que la rama se rompa, porque su confianza
no está en la rama sino en sus propias alas"*

¡Recuerda!

TODO LO QUE NECESITAS ESTÁ YA EN TI. EN TI RADICA TODA LA FUERZA.

EL LASTRE DE TU MOCHILA

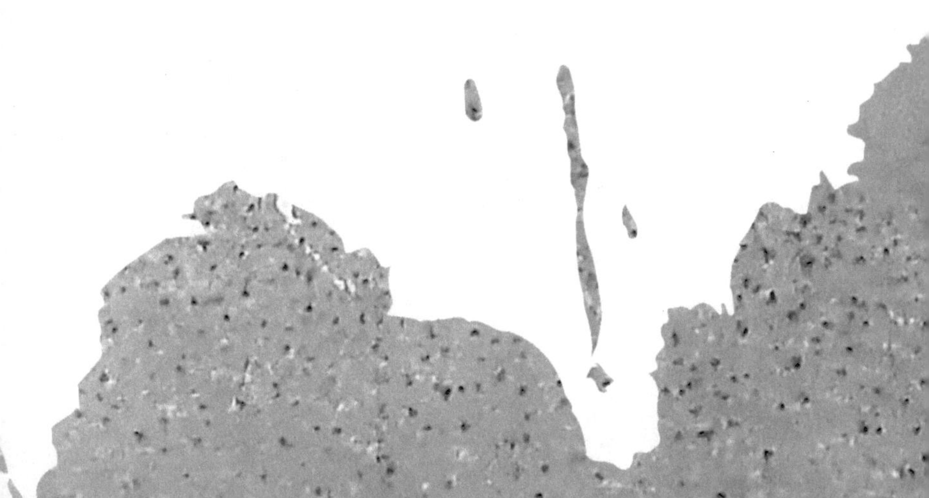

4

HENRI TOULOUSE-LAUTREC

Nació en 1864, con una enfermedad genética que hacía que sus huesos fueran quebradizos, lo que hizo se rompiera las dos piernas cuando era adolescente.

Antes de este acontecimiento, no pudo andar como es debido hasta los dieciséis años. Fue sometido a muchos experimentos, a cuál más doloroso, que se unían al sufrimiento que él ya sentía en su alma y en su corazón.

Este hecho le convirtió también en un adulto frustrado y perdido, por las burlas a las que se veía sometido continuamente. Llegó a medir tan solo un metro cincuenta centímetros y era algo deforme.

La sensación de abandono y de no merecimiento eran constantes. Se avergonzaba de su cuerpo, de sí mismo.

Comenzó a "buscar un escondite", y lo encontró en el sórdido mundo del alcohol y la perdición.

Era una forma de pasar desapercibido al tiempo que era reconocido, o al menos, llamaba la atención.

Sufría de una especie de enanismo que **su padre nunca superó**. Le maltrataba psicológicamente, nunca tenía en cuenta sus deseos y, no le permitía asistir a las cacerías y reuniones típicas de una familia aristocrática como la suya. Se llevaba a sus hermanos y a él lo dejaba en casa con su madre.

Se sentía poco amado por lo que él no aprendió a amarse como es debido.

Su paladar tenía una fisura provocada por una sinusitis aguda; cuando hablaba parecía que silbaba. Una nota más de dramatismo a su historia.

Se reía de sí mismo, pero no de una forma sana, sino desde el sarcasmo y la falta de respeto, dejando **entrever continuamente, el poco amor que se tenía.**

En ese mundo lleno de escenarios decadentes y un tanto exóticos, encontró lo que **Toulouse** creía "su sitio". Frecuentaba las calles, las tabernas, los cabarets de manera cada vez más asidua, y allí fue donde pudo expresar toda su creatividad. El *Moulin Rouge* se convirtió en su segunda casa.

Le gustaban, y frecuentaba, los lugares en los que podía hacer todo lo prohibido, dar rienda suelta a sus más bajos instintos.

El vacío tan inmenso que sentía, creía poder llenarlo a base de sexo, alcohol, y emociones cada vez más fuertes.

¿Lo llenaba?

¿Recuerdas que te comentaba cómo todos **esos hábitos se pueden ir apoderando completamente de ti, hasta destruirte por completo?**

Puedes llenar un vacío momentáneo, pero después, cada vez necesitas más y más porque el hueco se hace cada vez más grande.

La FALTA DE AMOR tan enorme que sentía por él, la suplía de esta manera, pues creía era lo único que merecía.

¿Lo ves?

Una vez "te vuelves a enamorar de ti", una vez descubres el gran AMOR y la gran LUZ que hay en ti, el vacío desaparece.

Te sientes merecedor de toda la abundancia en tu VIDA, reconoces la FUERZA y el PODER dentro de tu SER y es de ello de donde "tiras" para crecer y avanzar.

Reescribes tu mundo.

Y no sólo eso, sino que también te sientes mucho más ligero. Has soltado lastre, **tu mochila se ha aligerado y tienes más espacio para volar en LIBERTAD.**

O, aunque parezca una contradicción, ¿te has dado cuenta de que, cuanto más vacía sientes tu VIDA, mayor es el peso que tienes que acarrear?

"Cuando ya no podemos cambiar una situación, tenemos el desafío de cambiarnos a nosotros mismos"

Viktor Frankl

La vida de Henri se movía entre dos formas muy diferentes: una, libertina, para esconderse y mimetizarse con lo que él creía que era; y la otra, enfocada en la religión, la culpa y la expiación.

Las dos vividas en casa, las dos aprendidas. Dos extremos que no le permitían ser él mismo, dos extremos en los que la máscara era su seña de identidad.

A su padre le gustaba travestirse además de tener una adicción al sexo muy desarrollada. De día era el hombre respetable, estricto y religioso que se suponía debía ser; por la noche, se transformaba, y dejaba al descubierto sus más oscuros instintos.

Su madre, sin embargo, era tímida, pía, tranquila, siempre en casa leyendo, rezando...

Entre estos dos comportamientos se movía, hasta que el primero, le atrapó por completo. Tardó un poco, quizá porque en su fuero interno, sabía que acabaría siendo su perdición.

Era tanto el reconocimiento que necesitaba, sobre todo de su padre que, en cierta forma, quiso imitarle para lograr su aprobación.

¿La consiguió?

Por supuesto que no.

Y no solo eso, sino que lo alejó mucho más de su lado. Su padre se avergonzaba y no estaba dispuesto a reconocer su problema en él. Tampoco quería que, la faceta como artista de su hijo, se relacionara con el apellido de la familia, por lo que le pidió firmara con pseudónimo. Más tarde, le desheredó.

Toulouse cada vez se fue separando más y más de todo el entorno que le vio nacer, de toda su vida aristocrática, una familia cuyo linaje se remontaba a la Edad Media.

Su VIDA se movía entre la continua diversión –llegó a desarrollar un carácter hedonista-, la bebida, y el ARTE. Este último lo necesitaba casi tanto como la absenta (licor muy apreciado en la época por las personas que querían estar fuera de las normas y la sociedad).

Empezó a pintar desde su más temprana edad. Al tener que quedarse tanto tiempo en casa, desarrolló su pasión por la pintura. Le gustaba dar paseos por el campo siempre que su frágil salud se lo permitía. **Pintar le permitía amortiguar de alguna forma, su dolor.**

Se sentía rechazado por su padre, sí, pero no solo él, también su madre. Ella tampoco sentía el amor de su marido y se volcó en su hijo. **Le convirtió "en su pareja",** creándole una disfunción emocional enorme.

Su forma de entender la pareja, el amor, está lleno de confusión y de una gran falta de responsabilidad. En el momento que parecía haber algo serio con una mujer, salía corriendo, o hacía algo para que la otra persona le dejara.

Curiosamente, su madre, al tiempo, y a consecuencia del alcohol, también le dejaría.

El alcohol produce fuertes cambios de humor, y una gran agresividad que poco a poco va minando tu personalidad. Su madre no lo soportó.

¿Te suena?

Con diecisiete años se marcha con su madre a París, allí entra en el estudio de **Bonard.** Estaba especializado en retrato y, al terminar la jornada, se iban a los bares a "comentar la jugada".

Ahí fue **donde descubrió lo que sería su ruina, el alcohol.**

Poco a poco se fue desvinculando de la tradición para ir

buscando nuevos caminos pictóricos. Le gustaba ir con sus libretas a todos lados, y dibujar todo lo que veía.

En los cabarets y los bares se sentía "importante", para la gente era una especie de atracción, un ser diferente con un lápiz en la mano y una copa en la otra. Se reía de sí mismo, y hacía reír a los demás.

Estaba encandilado con las bailarinas, sobre todo con sus piernas. Le atraían su gracilidad, belleza y agilidad, justo aquello de lo que él adolecía, pero solo las de las bailarinas, las del resto de personas que pintaba, las escondía, bajo la mesa, por ejemplo.

El mundo del circo también fascinó a Henri, se sentía identificado con muchos de los personajes que allí veía. Le gustaba observarlos y pintarlos.

Una de sus obras en esta dirección es: *La payasa Cha U-Kao*. Es un nombre que toma a modo de onomatopeya, basándose en "el ruido y en el caos" que se produce en un circo por la noche.

La realiza en su última época, la pincelada es más densa y gruesa que la que utiliza en épocas anteriores. Gran fuerza y dinamismo producido por el color: amarillos, rojos, morados, se mezclan de manera magistral para hacer vibrar nuestros sentidos.

Mientras estuvo su madre con él, aún se controlaba un poco. Cuando quedaba con ella o iba a verla no bebía, una vez se marchó…¡"Ancha es Castilla"! Ya no encontró ninguna traba que le impidiera beber sin medida.

Entró en una rueda de la que no se recuperó. No se lavaba, ni dormía, tenía paranoia, y manía persecutoria; tampoco comía y empezó a regalar sus obras.

Había perdido la CAPACIDAD PARA PINTAR, ya no podía hacerlo. **Aquello que más amaba también se lo**

habían arrebatado sus adicciones.

¡LO PERDIÓ TODO!

Su madre volvió para cuidarle, estuvo ingresado unos meses, pero al tiempo, volvió a beber con más fuerza si cabe. Falleció a la edad de treinta y siete años.

> *"Con todo lo que te ha sucedido, tienes la opción de sentir lástima por ti mismo o tratar de que lo que te ha sucedido sea como un regalo. Todo es una oportunidad para crecer o un obstáculo que te impide avanzar. Tú escoges."*
>
> **Wayne Dyer**

Toulouse escogió, ejerció su derecho al libre albedrío y eligió. Su elección fue ver la vida como un obstáculo, y dejarse caer. Se rindió.

¿Es lo que quieres tú?

Elige bien, rodéate de personas que te eleven y te levanten cuando caigas, busca ayuda si lo necesitas, SIGE ADELANTE. La VIDA es un REGALO que merece la ALEGRÍA vivirse.

TE LO DICE ALGUIEN QUE UNA VEZ CAYÓ, Y SE LEVANTÓ. ENCONTRÓ LA SALIDA.

ENCONTRÉ LA SALIDA.

Porque siempre hay una salida de todo laberinto.

¿Lo crees?

¡VE A POR ELLO!

¡CUIDADO CON EL CEPO!

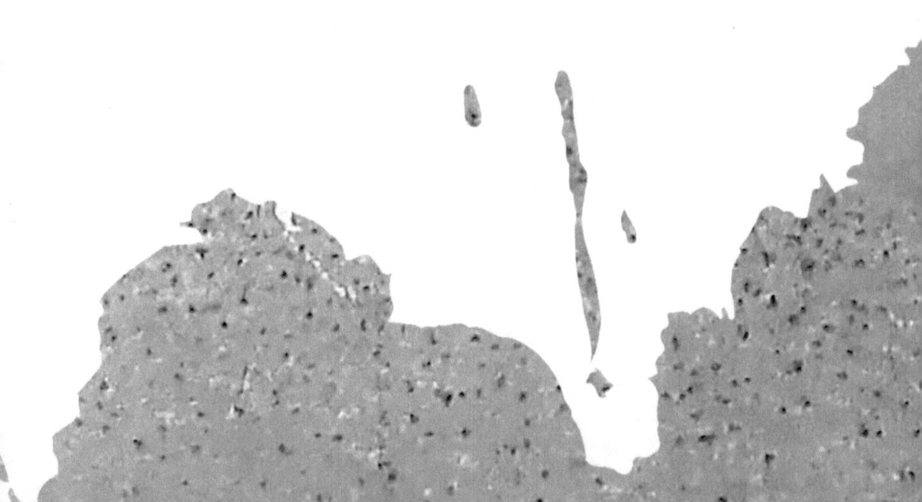

5
AMADEO MODIGLIANI

P intor y escultor italiano de la denominada escuela de París.

Modigliani, uno de los artistas más cotizados de nuestro tiempo, no fue reconocido mientras vivió.

Su VIDA transcurrió en la miseria, y hoy se encuentra en los mejores museos y colecciones del mundo llegando su obra a alcanzar cotas millonarias.

Con once años ya sabía que quería ser artista, era AR-TISTA, y su madre le apoyó. Cuatro años más tarde ya estaba volcado en el arte por completo.

Nace en Livorno, Italia en 1884, y muere en París a la edad de treinta y cinco años.

Una vida corta, en la que el alcohol, las drogas, las mujeres y la enfermedad, le acompañaron hasta el final de sus días.

Su familia pasó graves penurias económicas que hicieron que su salud se resintiera, provocándole una dolencia pulmonar cuando era muy pequeño. Lejos de mejorar, empeoró a consecuencia de la vida tan desordenada y disoluta que llevaba.

A consecuencia de esto no pudo alistarse en el ejército al estallar la guerra, y aún se encerró más en sí mismo y en la bebida. Se sintió **rechazado** y su **autoestima** bajó hasta tocar fondo.

De carácter indomable e indeleble, se debatía entre la belleza física, era un hombre muy apuesto, y el gran dolor que sentía por dentro. Era tanto, que le quemaba, y quería apagar las llamas con el alcohol.

Un NIÑO INTERIOR HERIDO, que se quería muy poco. Entró en el pozo y nunca más salió.

«Soy la víctima de una fuerza que nace de mi interior y luego se desintegra».

Y así fue…llegó un momento en que se desintegró, tanto forzó la máquina, que se volatilizó.

Modigliani era un hombre solitario y atormentado, de carácter **apasionado y rebelde.** Muy tímido al mismo tiempo, lo que chocaba con la forma en que abordó a Picasso en plena calle. Lo hizo varias veces, hasta que consiguió llamar su atención.

De su mano, de la de Picasso, conoció a todos los artistas que en aquel momento vivían o trabajaban en Montmartre. Los conoció a ellos, la vida bohemia, y también todos los bares y tabernas.

Todos ellos bebían, absenta generalmente, que era lo que en aquella parte de París se acostumbraba. Una forma de rebeldía, de anarquía…de auto destrucción.

Pero no todos sucumbieron, no todos acabaron esclavizados a su adicción…él sí.

Una vez leí esta frase que apunté: ***"Decir que se toman drogas porque la vida es pobre o una desgracia, es negar la capacidad humana de creación y superación".***

No recuerdo de quién es, y tampoco lo he encontrado, pero creo es importante resaltarla.

En ocasiones, puedes caer en la trampa de decirte a ti mismo que estás bebiendo, tomando drogas, jugando en exceso…tantas cosas…porque la VIDA te ha tratado mal, porque tus amigos te incitaron a ello, porque… siempre porque, y siempre los demás.

Es **una trampa mortal,** un cepo tan grande que cada vez te atrapa más.

¡Es tan IMPORTANTE tomar absoluta RESPONSABILIDAD de tus actos!

Mientras estés en víctima, no podrás resolver y caerás cada vez más.

Los demás, las circunstancias, han podido influir de alguna forma, pero llega un momento en que has de parar y decirte a ti mismo: "SOLO DEPENDE DE MÍ". Soy yo, soy el único responsable de mi VIDA y de mis actos.

"El mayor día de tu vida y la mía es cuando tomamos responsabilidad total de nuestras actitudes. Ese es el día en que realmente crecemos".

John C. Maxwell

Modigliani no lo veía así. De gran talento y generosidad, carecía de AMOR hacia sí mismo, **su niño interior estaba herido,** sentía que su frágil salud le había privado de muchas cosas.

Dudaba continuamente de su talento y solía casi regalar su trabajo. Iba de bar en bar, de mujer en mujer, de absenta en absenta…

Trató varias veces de **encontrarse a sí mismo**, de dar con la clave que le hiciera confiar en él y ser medianamente feliz; no la encontró, pero sí consiguió que su carrera como artista comenzara a despuntar.

Picasso le dijo en una ocasión: "*Nunca se dibuja lo suficiente*", y lo llevó a la práctica hasta el final de sus días.

Sin embargo, nunca quiso formar parte del grupo de amistades de Picasso, no le interesaba el cubismo ni nada relacionado con él.

Tenía un sello propio, inigualable, no le gustaba que le encasillaran dentro de ningún movimiento, **él era único, independiente.**

Paul Guillaume apostó por él y no se equivocó.

Fue un genio en el arte de conseguir aquello que necesitaba, el arte de: **"Si no sabes cómo, lo creas, y si no, te lo inventas".**

Cuando decidió dedicarse a la escultura, le era poco fácil comprar los materiales pues su economía siempre estaba al límite. Sin embargo, **su MOTIVACIÓN era tan grande, que se las ingeniaba para conseguir la madera y la piedra** de las obras que encontraba en la ciudad, las del metro, por ejemplo.

Siempre se mantuvo independiente, no le gustaba que le encasillaran en ningún movimiento, tendencia o vanguardia. Un artista poco fácil de clasificar.

Un artista que había encontrado su camino en solitario.

Le interesan las personas. Se involucra al máximo con sus modelos para así poder llegar a sacar a la LUZ su ESENCIA, más allá de lo que a simple vista se ve.

"Lo que busco no es la realidad ni la irrealidad, sino lo inconsciente, el misterio de lo instintivo en la raza humana".

Modigliani

Fue un manierista moderno, le gustaba alargar la figura, distorsionarla, de alguna manera **quería elevarse a través de la pintura**, y después de la escultura. En este campo, la escultura, **Brancusi** fue su maestro.

Una obra como *Gitana con Niña,* es en apariencia **serena**, pero si buceamos y nos adentramos un poco más allá, nos damos cuenta de lo que hay detrás: un gran fuego movido por una mente atormentada.

El color casi fauvista, las figuras distorsionadas, la mirada a veces vacía, casi de máscara. Influencia esto último del arte africano, y también, quizá, de la propia máscara que él mismo se quería poner.

Artista **original y libre**, de una obra de altísima calidad, hoy repartida en grandes colecciones públicas y privadas.

Original, sí, pero ¿libre?

¿Realmente lo era?

Es posible que en la forma de representar su arte sí, que esta fuera la forma en que él se sentía libre de expresar lo que quería, y lo hacía de forma magistral.

Pero, ¿era libre de verdad? ¿O estaba sometido a sus propios miedos, a sus propias creencias y limitaciones?

RECUERDA

No puedes ser LIBRE, si dependes y mucho menos si lo haces de sustancias y hábitos que pueden llegar a alterar tu salud y tu psique.

¿Es lo que quieres?

¡Yo no!

Y TÚ TAMPOCO

VUELTA AL ORIGEN

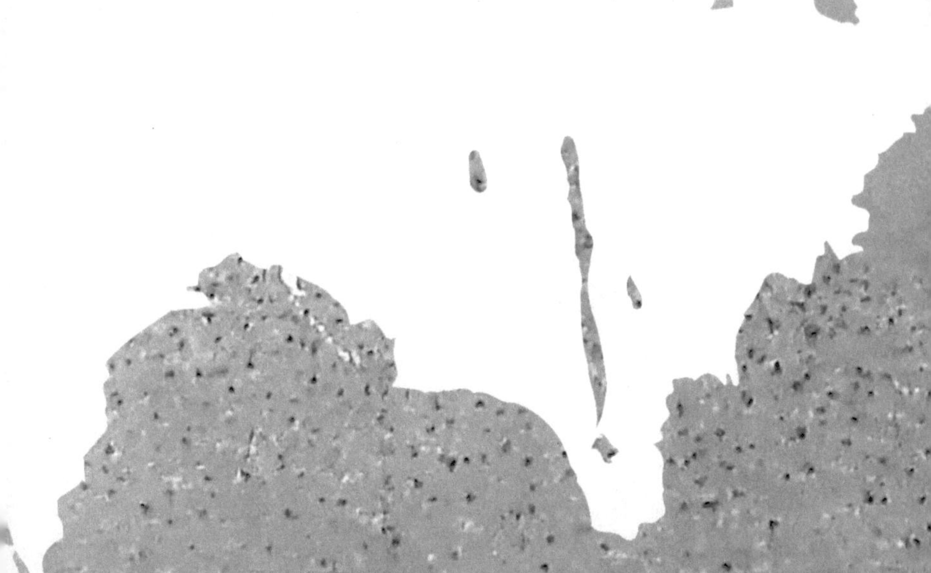

6
ANDY WARHOL

"Si queréis saber todo sobre Andy Warhol, sólo tenéis que mirar la superficie de mis pinturas, de mis películas y de mí mismo; y ahí estoy. Detrás, no hay nada".

Esta frase resume con bastante claridad cómo era la personalidad de este polémico y genial artista.

¿De verdad crees que detrás de lo que se veía no había nada o, sin embargo, era una forma de esconderse, de no permitir que se llegara a conocer?

Andy Warhol **decidió llevar una máscara toda su vida**.

Era una persona en apariencia muy sociable, pero en realidad, muy hermético.

Socializaba para **esconderse detrás de la imagen que había creado**, se ocultaba tras medias verdades, y grandes mentiras manifiestas.

¿Tanta era su inseguridad y la falta de AMOR a sí mismo, que necesitaba mantenerse oculto?

Su propio rostro pasó a ser su firma, su máscara y su careta.

Fue uno de los artistas más importantes y más mediáticos del siglo XX y, sin embargo, uno de los menos conocidos. Pocos llegaron a conocerlo realmente.

Nació en Pittsburgh, Estados Unidos, en 1927. Una ciudad de grandes contrastes sociales, las diferencias entre pobres y ricos eran enormes. Ellos vivían en la parte pobre de la ciudad.

Prácticamente no tuvo relación con su padre, éste era **adicto al trabajo**, y se agravó con el crack del 29. Casi no iba por casa y, cuando lo hacía, no tenía tiempo para disfrutar de él.

La adicción al trabajo, aún hoy día, está aceptada como algo bueno por la sociedad. Al ser, en apariencia, más productivo, no se le da la importancia que realmente tiene: **puede llegar a destruir tu VIDA, de igual forma que cualquier otro tipo de dependencia adictiva.**

Su infancia transcurrió con la ausencia de un padre y el apego a su madre. Era un ser complejo, **muy influenciado por las tradiciones familiares y la religión.**

Y ahí, en la religión, es donde podemos encontrar los orígenes artísticos de Warhol. Marcó su infancia, su juventud y toda su carrera.

Sus padres eran muy religiosos, se apoyaban en ello para afrontar la pobreza y las dificultades. Llegaban a caminar hasta diez kilómetros para llegar a la iglesia, y lo hacían, lloviera, nevara o relampagueara.

Andy se fijaba en los iconos, en las imágenes, en los dorados y se las imaginaba representando a ídolos de aquel momento, como Marilyn, a quien representó cientos de veces.

"Después de cierta edad, empezamos a utilizar una máscara de seguridad y certeza. Con el tiempo, esa máscara se pega a la cara y ya no se puede quitar."

Paulo Coelho

Warhol era un niño diferente, de constitución delicada, que nació con una afección nerviosa que no le permitía controlar bien los movimientos y el habla.

Esto le **mantuvo alejado del colegio y atado a las faldas de su madre**, quien le fomentó la pintura y el dibujo. Es posible que ahí empezara todo, era muy CREATIVA, y contagió a Andy.

Tuvo una infancia llena de **privaciones y enfermedad. Se burlaban de él en el colegio, era "un niño de mamá" además de un privilegiado, estaba híper protegido.**

A consecuencia de su dolencia, su madre le consentía demasiado y le daba todos los caprichos.

Era tímido y reservado, llevaba una "máscara" para que nadie supiera quién era realmente.

Cada vez se fue aislando más y más del exterior, hasta el punto en que empezó a mirar la VIDA a través de una ventana de cristal.

Podía verlo todo, pero "ni él se acercaba, ni se podían acercar a él". Así vivió la mayor parte de su existencia.

¿Lo ves?

Te pones la careta para dar una imagen irreal, la imagen que crees va a ser aceptada por los demás. **Ocultas tu verdadero Ser por miedo a la soledad, a que te dejen de querer, o te dejen de respetar. Por miedo al rechazo.**

Es más fácil fingir y moverte en la superficialidad, las apariencias son más importantes que los sentimientos reales.

¿Qué pensarán de mí? ¿Qué pensarán de ti?

¿Te suenan estas dos preguntas verdad? En casa eran muy habituales, las apariencias eran importantes, y eso te esclaviza cada vez más.

Sí, es verdad que he de estar agradecida a esto también, pues GRACIAS a que me importaba en exceso la opinión de los demás, no sucumbí más de lo que lo hice…y era capaz de pedir PERDÓN, cuando era pertinente.

Pero, la máscara llega un momento en que ya no te sirve. O bien se ha adherido tanto a tu cara que no te reconoces en el espejo; o bien empieza a romperse y a formarse agujeros por los que se escapa toda la VERDAD.

Warhol se colocó la suya y nunca más se la quitó, bueno…al final de sus días sí lo hizo, y se permitió volver a sus orígenes. A la práctica tan particular que tenía de entender la religión y plasmarla en su obra.

"La imaginación abre a veces unas alas grandes como el cielo en una cárcel grande como la mano".

Alfred de Musset

La IMAGINACIÓN fue la válvula de escape de Andy, la forma que tenía de escapar de esa cárcel en la que él mismo se había metido.

Desde niño le gustaba ir al cine para CREAR un universo particular, casi mágico.

Su NIÑO INTERIOR, era capaz de salir a jugar a través de la CREATIVIDAD.

Su padre no había estado mucho con él, sin embargo, estaba convencido del talento que tenía su hijo para el dibujo. Sabía que llegaría lejos.

Su padre murió cuando él tenía catorce años, sumiéndose en una soledad aún mayor.

Quizá porque quería, quizá por hacerle un homenaje, se matriculó en la escuela de arte. **Pronto empezó a destacar** por provocador.

Se marchó a Nueva York y enseguida comenzó a cosechar grandes éxitos. Era diferente, original, enigmático, y eso, en el Nueva York de aquel momento, llamaba poderosamente la atención.

Se convirtió en un hombre rico, **rompiendo con las creencias familiares.**

Tenía un objetivo: quería llegar a lo más alto dentro del mundo del arte, y estaba dispuesto a hacerlo con todas sus consecuencias.

La máscara que se había forjado, la reforzaría y así podría distanciarse de sus emociones y sentimientos. Tenía el convencimiento de que debía convertirse en una máquina si quería triunfar y sentirse a salvo.

Pero, ¿realmente era una máquina, realmente no tenía sentimientos, o su emocionalidad era tan fuerte que tuvo que INVENTARSE para sufrir lo menos posible?

No lo sabemos, pero posiblemente, sea lo último.

Las caretas no solo pueden ocultar quien eres en realidad a los demás, sino también a ti mismo. Puedes llegar a creer que no sientes ni padeces, pero más tarde o más temprano, todo ese dolor sale, y lo hace con toda su intensidad.

Fue un genio en su campo, el precursor del ARTE POP, movimiento mediante el cual, cualquier objeto, por cotidiano que sea, es susceptible de ser representado y ser elevado a la categoría de arte.

Quería reproducir en masa una sola imagen, que el mundo estuviera inundado de imágenes por todos lados. Lo consigue gracias a la técnica de la estampación.

¿Recuerdas la imagen de Marilyn o las Sopas Cambpell?

Lo vendía todo, y comenzó una carrera de **obsesión por la opinión de los demás**. Estaba pendiente de forma continua de los medios de comunicación, de las críticas. Su NIÑO HERIDO, necesitaba reconocimiento continuo, y lo buscaba de manera compulsiva.

Estaba siempre rodeado de gente, la necesitaba para alimentar su ego y paliar su soledad. Le gustaba mezclar a personas muy diferentes, buscaba el enfrentamiento y la polémica.

Fomentaba la droga y el alcohol, sin embargo, hay quien dice que él no lo hacía, tan solo observaba. Y lo hacía en un ambiente que él había creado para propiciar su arte.

En cualquier caso, **era una persona dependiente, adicta al reconocimiento y al dinero**. Tres cosas que, por no saber gestionarlas bien, le llevaron a perderse casi por completo.

Al final, sea de una manera u otra, ésta era una forma de esconderse, de no ser él mismo, **una máscara donde refugiarse, que, al final de sus días, se quitó y volvió a crear lo que su ALMA le decía.**

Tuvo que ser el Universo quien le diera un buen golpe, y viera de cerca la muerte, para decidirse a cambiar y decir adiós a todo ese mundo que, probablemente, nada tenía que ver con él, **con su verdadera esencia.**

En sus últimas obras decidió volver al origen, quitarse la máscara y mostrarse un poco más. Volvió a la religión, a la interpretación que hacía de ella. Siempre fue importante para él, y **ahora quería decirlo bien alto.**

Realizó una interpretación de la *Última Cena* de Leonardo, quería pintar algo profundo, algo que significara algo de verdad para él.

El cristianismo había pasado a ser parte fundamental de su obra, ¿o ya lo era?

Al morir, se descubrió que no era una persona tan superficial como había querido hacer creer. **Durante años estuvo yendo a un refugio para ayudar a personas que estaban pasando por momentos de dificultad.** Empleaba su tiempo y su dinero en hacer que su vida fuera un poco más fácil.

Como ves, **las apariencias engañan.**

Solo hay que tener la voluntad de profundizar para encontrar la verdadera ESENCIA de las personas y las cosas. **Tu verdadera esencia.**

RETIRA LA TIERRA QUE LO CUBRE, Y ADÉNTRATE.

HALLARÁS LA RESPUESTA.

QUERER ES PODER

7
DAMIEN HIRST

De carácter polémico e irascible, Hirst nace en Bristol y, muy pronto, sufre su primer trauma: su padre los abandona cuando contaba tan solo doce años de edad.

Se crió con su madre, una mujer de altas convicciones religiosas y gran nivel de exigencia, que estaba en desacuerdo con casi todo lo que hacía su hijo. Quería controlarlo, pero su carácter rebelde reforzado por la ausencia de un padre, hizo que prácticamente perdiera la batalla.

Un niño interior herido y perdido en su propia mente y sus propias inseguridades, que le llevó a cometer varios robos cuando era joven.

Necesitaba **llamar la atención**, su carácter se fue agriando con el paso del tiempo y buscaba polémica allá donde iba. Estaba dispuesto a RESALTAR y eligió hacerlo de forma negativa.

Si bien es cierto que su madre no estaba de acuerdo con su forma de vida, sí había algo que quería fomentar, el ARTE.

Damien tenía un **talento natural** para el dibujo, y su progenitora, con toda su sabiduría, creyó sería una buena opción para "enderezar" a su hijo.

¿Lo consiguió?

Probablemente no, pero al menos sí logró que se forjara una carrera en la que resaltó desde el primer momento.

Siguió con su tendencia, aún lo hace, a llamar la atención.

Ahora podía hacerlo a través de su obra de forma transgresora, reflejando una VIDA tormentosa, llena de subidas y bajadas.

Una forma de hacerlo era mediante la representación de la muerte. Estaba completamente obsesionado con ella, solía pasar horas en la sala del forense para pintar del natural.

Le producía cierto bienestar, al tiempo que inquietud, y quería aprender lo suficiente para después plasmarlo en sus obras.

Le interesaba bucear en ella para dar respuestas a la incomprensión que la muerte le producía. Se movía entre el rechazo y una atracción poderosa hacia ella.

Siente la fragilidad de la existencia con gran intensidad, quizá fruto de su propia fragilidad, de su propio dolor.

Es curioso cómo, aun teniendo un interés manifiesto por la muerte dijo en una ocasión:

"El arte es sobre la vida y no puede ser sobre nada más…no hay nada más".

Un artista lleno de contradicciones que ha llegado a convertirse en uno de los más cotizados de nuestro tiempo.

Obras como: *Madre e hijo (dividido)* en la que una vaca y su ternero aparecen dentro de contenedores, separados, de cristal llenos de formol; o *La imposibilidad física de la muerte en la mente de algo vivo*, con un tiburón en similares circunstancias, son un ejemplo de la relación que Hirst tiene con la muerte y cómo nos la quiere presentar.

Quiere, y tiene la necesidad, de ATRAER al espectador y hacerle huir al mismo tiempo.

Otra contradicción y otro fiel reflejo de lo que era su vida.

En medio de toda esta experimentación, de su mente atormentada, y su necesidad de vivir/morir al máximo, **entró en la rueda de la adicción**.

Se enganchó a la cocaína y al alcohol, y éstas le "acompañaron" durante casi toda su carrera.

En un principio sentía, y así lo confesó en una entrevista que las drogas podían ayudarte a producir arte, pero **sólo lo hicieron durante un corto período de tiempo.**

¡ES TAN ENGAÑOSA LA SENSACIÓN QUE TE PRODUCEN las drogas…!

Crees que tienes el control, que puedes volar y crear cosas maravillosas, pero dura poco pues el deterioro es inminente. De hecho, puedes llegar a perder hasta la capacidad de CREAR.

¿Lo crees?

CREÉLO

Años más tarde, y tras la muerte de un íntimo amigo, decide TOMAR CONCIENCIA y TOTAL RESPONSABI-LIDAD. Se rehabilita.

Lo logra, lo hace porque quiere y...

¡QUERER ES PODER!

Ese PODER ya está dentro de ti.

Busca hasta encontrarlo, y cuando lo hagas, haz como Hirst (dedicó muchos años a una fundación para apoyar a artistas con adicciones),

AYUDA A OTROS A LEVANTARSE.

Verás como tu corazón se expande y surge la magia.

ME LLAMO VINCENT

8

VINCENT, VAN GOGH

I gnorado en su época, hoy está considerado como uno de los artistas mejor valorados del mundo.

Sus obsesiones se contraponían a su amor por la naturaleza.

Nace en Holanda en 1853, hijo de un pastor y una ama de casa, **le pusieron el nombre de un anterior bebé que murió**.

Su padre era un hombre severo y su madre una mujer **inestable y nerviosa** que daría a luz otros cinco hijos.

La madre nunca se recuperó de la muerte de su primer hijo por lo que nunca se vio capacitada para proporcionarle amor a Vincent.

El sufrimiento que le provocó el **rechazo de su madre**, le perseguiría el resto de su vida. Eso sí, le transmitió el amor por el campo y la naturaleza.

Sus primeros recuerdos de niño estaban plagados de

melancolía y tristeza. Se sentía sólo, además de sometido a las expectativas de su familia y a las comparaciones con el perfecto bebé Vincent que murió.

Su autoestima se fue deteriorando y el amor hacia sí mismo también. A los quince años se ve obligado a trabajar por problemas familiares. Empezó en una galería, siendo éste su primer contacto con las mejores obras de arte del mundo.

Era un hombre culto, hablaba cuatro idiomas y le gustaba visitar los museos para saber diferenciar el arte bueno del menos bueno.

Estaba enamorado de una mujer a la que pidió en matrimonio, pero ésta le rechazó. **Un segundo rechazo por parte de una mujer a la que amaba**: su madre, y la que quería convertir en su esposa.

Este hecho hace que entre en una profunda depresión. Se sentía humillado y furioso. Rechazó los placeres y "maldad" del mundo, y se refugió en Dios.

Podía haberse quedado ahí para poder mejorar, pero lo que hizo fue trasladar su furia a las personas y a los clientes de la galería. Fue despedido.

Se veía como un peregrino obligado a sortear todos los obstáculos para llegar a Dios, como toda persona que decide ponerse en marcha y hacer el Camino de Santiago.

Comienza a prepararse para ser pastor y seguir los pasos de su padre. Al no querer presentar el examen de latín, no le admiten. Un nuevo rechazo.

Su **carácter intransigente** hace que no le acepten en casi ningún sitio. Es un **círculo vicioso**, busca la voz de Dios y ayudar a los demás, pero su forma de ser y su intransigencia hace que sea rechazado, y este rechazo provoca que se encierre cada vez más.

¿Era algo que le pasaba sin más, o era algo que él provocaba por ser lo que conocía y poder seguir siendo víctima?

Probablemente lo segundo.

Sentía cierto placer y encontraba cierto **beneficio** en ese estado de víctima constante.

Porque sí, en todo sufrimiento, en todo estado de victimismo, hay un beneficio.

¿Qué beneficio estás recibiendo tú?

Había sido rechazado por tercera vez, sin embargo, no cejó en su empeño de seguir predicando. Encontró en la pintura una forma de hacerlo, al tiempo que le servía de terapia, de catalizador para su dolor.

Su decisión de dedicarse al ARTE, estaba tomada. Era ARTISTA y lo era en ESENCIA, aunque él en ese momento no lo sabía.

En La Haya tomó contacto con malas compañías, -decir que las energías se atraen, llegan a tu VIDA aquellas personas que en ese momento están en tu mismo nivel de VIBRACIÓN, o aquellas que necesitas en ese momento, para aprender y crecer.

Su nivel de vibración era muy bajo, y eso es lo que atraía. Se enamoró de una prostituta, adicta al alcohol, que le metió, poco a poco, de lleno en esta "afición".

Crearon una simbiosis poco saludable en la que ella le necesitaba, y él estaba feliz porque se sentía querido y además podía ejercer de salvador.

Se emborrachaban y discutían continuamente, **el alcohol le estaba convirtiendo en una persona cada vez**

más agresiva. Los dos juntos eran una bomba de relojería.

La dejó, pero ya estaba marcado por el alcohol y la enfermedad.

Continuó pintando, era lo único que, de momento, le permitía mantener el equilibrio.

Se marchó a París, donde tomó contacto con todos los impresionistas y la gran fuerza de sus colores. Su forma de ver el mundo cambió, así como también su pintura.

Fue un ser apasionado que vivió intensamente. Se **obsesionó** por completo con pintar, lo hacía de sol a sol, casi no comía y lo único que bebía era **absenta**, a la que se aficionó con gran rapidez.

Contaros que la absenta es una bebida alcohólica que se puso de moda en el siglo XIX en ambientes artísticos y literarios. Muchos fueron los que sucumbieron a "sus encantos": Rimbaud, Baudelaire, Oscar Wilde, Lautrec, Manet…

Una bebida fuerte que decían estimulaba la creatividad, pero cuya intoxicación producía un síndrome llamado absintismo. ¿Cuáles son las "perlas que vienen de regalo" con este síndrome? ADICCIÓN, HIPEREXCITABILIDAD y ALUCINACIONES.

Casi nada…

¿De verdad merece la pena rendirte a cualquiera de estas drogas para activar la creatividad? ¿Merece la pena perderte como hombre?

¡HAY TANTAS COSAS QUE PUEDES HACER ANTES DE ESTO!

Van Gogh, se había metido en un ritmo frenético y la ingesta continuada de alcohol. Poco a poco fue perdiendo la cabeza, hasta el punto de no saber si le estaba dando un trago a la absenta o al bote de trementina.

Estaba entrando en un nivel de adicción profunda en la que ya no era capaz de separar la realidad de la ficción, lo que está bien de lo que está mal; sufría paranoia y manía persecutoria. También comenzó a chupar los pinceles, envenenándose con el plomo de algunos pigmentos, atacando a su ya mermado sistema nervioso.

Una caída al abismo, a un pozo oscuro y profundo del que ya no salió. Murió a la edad de treinta y siete años.

Es en **París donde se aficiona a la bebida**, pero es probable que ya hubiera bebido antes.

Las reuniones con los artistas en sus estudios o bares que duraban hasta altas horas de la madrugada, propiciaban el uso de ésta y otras sustancias. Durante los tres años que vivió entre París y Arlés, bebía hasta caer desmayado, perdía la noción del tiempo y, poco a poco, la razón.

En algún momento de lucidez, decidió internarse en un sanatorio de Saint Remy para intentar curarse de los trastornos mentales que estaba sufriendo.

Como todo alcohólico, Van Gogh, durante la mayor parte de su vida, **justificaba** el consumo de la bebida con historias como que tiene propiedades nutritivas, creativas, estimulantes... bebe porque no tiene para comer y tiene que "alimentarse" de alguna manera.

Yo me solía decir que "como era solo cuando tenía alguna actividad social, como era solo cuando salía..., no tenía ningún tipo de dificultad, además de tenerlo controlado".

¡Qué manera de engañarme!

¿Cómo te engañas tú?

Al final no es más que una forma de esconderte, de pertenecer a un grupo, de mantenerte anestesiado mientras apaciguas tu dolor.

Como todo alcohólico, Vincent, bebía para ahogar sus penas, pero como decía Frida Khalo:

"Bebía para ahogar mis penas, pero las condenadas aprendieron a nadar".

Y cada vez las penas eran más penas.

Cuando el fuego que Van Gogh sentía dentro se recrudecía, **bebía para apaciguar el dolor, para calmarse.** Lo hacía durante un rato, **después llegaba la culpa y la agresividad, y otra vez a beber para calmarse**.

UN CÍRCULO VICIOSO.

Durante su ingreso en Saint Remy, seguía escribiéndose con su hermano Theo. En una ocasión le envió: *"Aquí vivo sobriamente porque tengo posibilidad de hacerlo; antes bebía porque no sabía qué hacer"*.

Cuando sientes un vacío como el que Vincent sentía, físico y emocional, no sabes que hacer, y buscas formas para llenarlo.

Pero, de verdad, HAY OTRAS FORMAS, formas SALUDABLES, que harán cada vez te vayas encontrando mejor contigo mismo, que tu energía y tu vibración se eleven, y con ello tu autoestima.

Expandirás tu ALMA y echarás a volar tu CREATIVIDAD.

¿QUIÉN SOY?

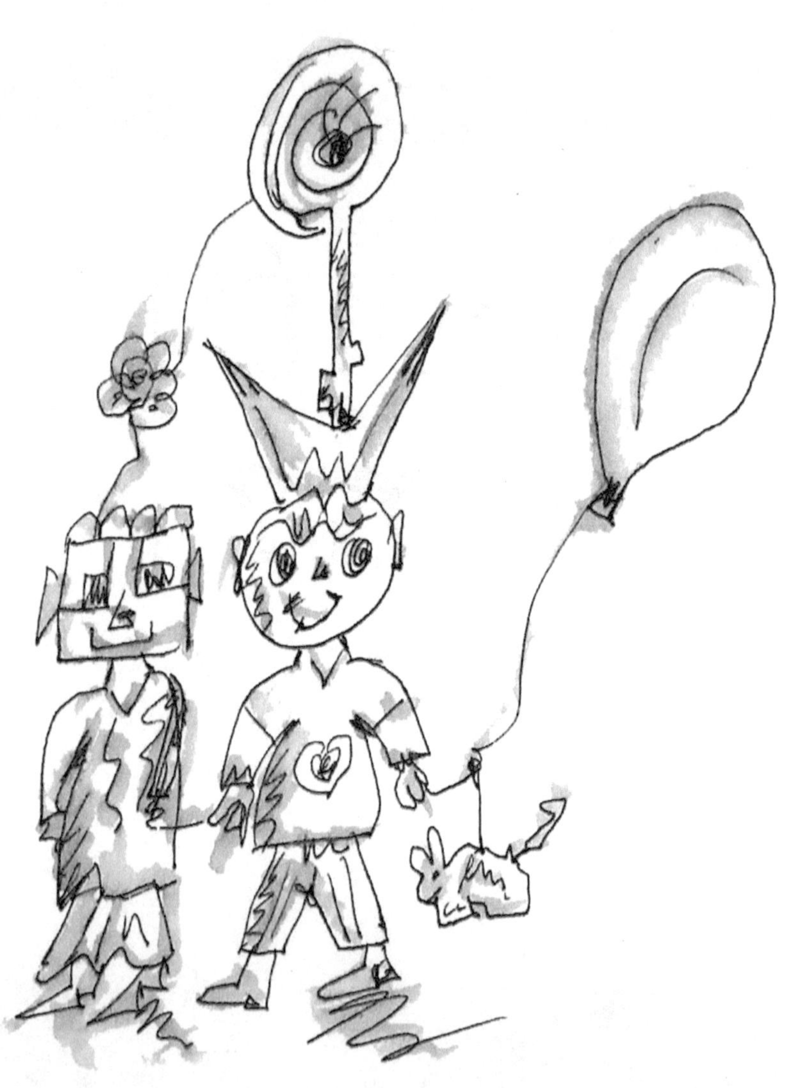

9

JEAN-MICHAEL BASQUIAT

Claro ejemplo de "juguete roto", Basquiat muere a la edad de veintisiete años como consecuencia de una sobredosis.

Con siete años sufre un accidente de tráfico que le traumatizó.

Pasó su infancia buscando el reconocimiento de su padre. Esto le llevó a querer, a toda costa, ser el mejor artista vivo de todos los tiempos.

Era muy culto, hablaba tres idiomas, y le encantaba visitar los museos para conocer de primera mano la obra de los artistas. *El Guernica* fue la primera obra por la que se sintió impresionado.

Tenía un carácter polémico y provocador. Con 17 años se marcha a Manhatan donde malvivió durante dos años. Dormía en la calle y conseguía algún dinero vendiendo postales que él mismo hacía. Se había propuesto alcanzar su sueño; **buscó la forma hasta que la encontró**.

Empezó a hacer grafitis, a pintar los muros, era la forma de decir: "*Yo controlo el espacio, me pertenece y voy a ser reconocido*".

Desde luego llamaba la atención, todo el mundo quería saber quién era ese joven de color con la cabeza rapada. Pensaba que, de esa forma, con el pelo cortado al máximo, podría pasar desapercibido. Quería ocultarse para no ser encontrado por su familia.

Una contradicción…

Tenía claro que quería ser el mejor, y a los dieciocho años ya era el centro total y absoluto.

De gran talento, **sabía muy bien donde tenía que estar y en qué momento para lograr aquello que quería**. Era algo innato, nadie le había enseñado a hacerlo.

Para lo joven que era, tenía una gran **seguridad en sí mismo**, la seguridad que viene de los grandes genios, y él lo era.

Sabía FLUIR, ir a favor del viento y captar la ENERGÍA de todo lo que veía en las calles para después plasmarla en sus obras.

Amaba tanto lo que hacía que podía pasarse hasta veinticuatro horas seguidas pintando. Admiraba la obra de Van Gogh, de Leonardo, de Pollock; captaba su esencia, pero jamás copiaba, **modelaba**, y hacía una versión diferente.

No quería brillar en la estrella de nadie, **quería tener su propia estrella.**

Su trabajo podía parecer aleatorio, desordenado, pero no lo era en absoluto. Cada trazo, cada línea respondía a un ejercicio de saber exactamente dónde Basquiat quería que estuviera.

"Tu ego se puede convertir en un obstáculo para tu trabajo. Si comienzas creyendo en tu grandeza, es la muerte de tu creatividad."

Marina Abramovic

Y eso le ocurrió a él. Su ego se lo tragó.

Empezó a ganar dinero muy pronto, con veintiún años llegaba a borbotones, y se había convertido en una persona famosa.

Había conseguido lo que quería…

¿O no?

Era muy inteligente y tenía un **talento innato**, una gran capacidad de trabajo y un don de gentes natural, pero le faltaba madurez. La necesaria para poder asimilar y gestionar todo esto y no sucumbir hasta caer en el pozo; la suficiente para no dejarse arrastrar por la corriente.

Para no llegar a ser lo que fue: "Un juguete roto".

No sabía administrarse, bebía, fumaba hierba…hasta que se desbordó.

Tenía **aparente confianza** en él, decía que la fama era lo justo para él, pero…¿era verdad?

No.

Siempre se sintió rechazado, incluso cuando estaba en lo más alto de su carrera. La élite del mundo del arte no terminaba de aceptarlo, y eso no lo podía soportar.

La necesidad de "ser el mejor" no venía de una necesidad del ALMA sino de una necesidad de su ego, quería satisfacerlo porque pensaba que así se sentiría mejor, "sería alguien".

No se daba cuenta de que ya ERA, por el simple hecho de SER.

Su obra era rompedora, trabajaba por instinto, canalizaba sus emociones, sobre todo las relacionadas con su infancia, a través del arte, y lo hacía de una forma meticulosa y cuidada.

Se hizo gran amigo de Warhol, y todo empezó a cambiar. Salía continuamente, dejó de lado a sus antiguos amigos, sentía mucha presión provocada por los medios, por la gente que lo abordaba por la calle.

Había soñado la fama, pero la fama le soñó a él.

Necesitaba saber continuamente qué se decía de él, qué decía la crítica del momento. Estaba obsesionado con ello y **fue perdiendo la concentración**.

Se sentía desbordado, en medio de un maremágnum para el que no estaba preparado.

Y, la heroína, entró en su vida. **Se engañó a sí mismo,** diciéndose que con ella podría focalizar mejor…

¿Qué ocurrió?

Que cada vez se dispersaba más, cada vez notaba más el dolor y el sufrimiento en su alma y en su corazón, cada vez se sentía más solo, a pesar de estar continuamente rodeado de gente.

Las drogas provocan paranoia, y él empezó a sufrirlas. Pensaba que todo el mundo quería hacerle daño, que todos querían estar con él por el interés, una manía persecutoria que le hundió cada vez más, hasta que falleció.

Quiso comerse el mundo, y el mundo se lo comió a él.

¡Es tan importante dialogar con nuestro ego cuando aparece!

SER PLENAMENTE CONSCIENTES DE QUE NUESTRAS ALAS, NUESTROS TALENTOS, SON PRESTADOS.

A Basquiat se los dieron para poder transmitir su mensaje a la humanidad, para dejar un testimonio de que, aun siendo de color en un momento en el que el racismo estaba presente, aun siendo joven y pobre, PODÍA CONSEGUIR AQUELLO QUE SE PROPUSIERA, HACER REALIDAD SU SUEÑO.

Al principio todo fue bien: **fluía, su ENERGÍA estaba alta, su INTUICIÓN muy desarrollada, pintaba desde lo más profundo de su corazón y su ALMA vibraba.**

Al poco tiempo de lograr la fama, "se olvidó" de dónde provenían esas ALAS, su ego se apoderó de él, y cayó.

RECUERDA

Eres un canal, un canal de transmisión puro y limpio. Un canal a través del cual el universo quiere que pongas de manifiesto su mensaje.

Desde ese convencimiento, desde ese SABER, no necesitas nada externo para hacerlo.

TODO ESTÁ EN TI para lograrlo.

CONFÍA

VOLVER A NACER

10
DENIS SMITH

Ejemplo claro de cómo **el arte puede sanar**.

Artista nacido en Australia, llega al ARTE como consecuencia de una enfermedad mental que desarrolla en 2008, debido a un trabajo muy estresante.

Entra en una profunda depresión y empieza a beber de manera desmedida, hasta que tuvo un colapso y tocó fondo. Ese fue su punto de partida, su RENACER.

Tuvo la ayuda de su mujer que no se separó de él ni un instante hasta que se recuperó.

Decidieron romper con toda su vida anterior y mudarse a otra ciudad para comenzar desde cero.

Empezó a hacer fotografías hasta que éstas fueron llenando el vacío que sentía, de **forma saludable.** El alcohol ya no tenía cabida en su VIDA.

Estaba encontrando su ESENCIA y eso le hacía feliz.

Tenía muy claro que:

PARA VOLVER A NACER, ANTES HAS DE MORIR.

*"La noche más oscura es a menudo el puente a
la más brillante mañana".*

Jonathan Lookwood Huie

Empezó a sentir la **necesidad del ALMA de COMPAR-
TIR** todo aquello que retrataba. Publicaba las fotos en
internet lo que le llevó, caUsalmente, a lo que es hoy su
forma de expresión: **La pintura de LUZ**.

El Universo te va dejando "migas de pan", señales que
debes ir recogiendo pues te llevarán a tu destino.

Empezó a indagar sobre este tipo de arte, a investigar.
Pasaba largos momentos solo, ante la inmensidad de
la naturaleza, momentos de introspección en los que
tomaba contacto con lo más profundo de su ALMA, y
de su CORAZÓN.

Y lo logró.

SE ENCONTRÓ A SÍ MISMO.

Porque…"*Todo lo que estás buscando, ya te está buscando a ti".*

A Denis le gusta el contacto con las personas, le interesa la CONTRIBUCIÓN, y la EMOCIÓN que se produce
cuando los **seres humanos** nos unimos para la con-
templación de la BELLEZA.

Para él sus pinturas de LUZ, **sus instalaciones son
una forma de común unión, una forma de motivar y
de CREAR algo intuitivo e inspirador**.

Este compartir, esta contribución, a través de su ARTE,
se convirtió en una forma masiva de CURACIÓN.

HABÍA ENCONTRADO SU LUZ Y QUERÍA MOSTRAR-LA AL MUNDO

Todo era mágico y la inspiración brotaba por todas partes.

Su inspiración, la naturaleza, se escapa para pensar e imaginar, por ejemplo, como sería un disparo de luz sobre la roca y eso después lo representa.

El arte le salvó, pero sobre todo su contribución, su dar valor y generar buena energía para los demás.

Le interesa **crear nuevas formas de arte**, nuevos conceptos que lleven a experimentar más sobre la materia que se trate.

Quiere romper los límites, ir más allá, DONDE LA IMAGINACIÓN TE LLEVE. Conoce muy bien las reglas y por eso sabe romperlas a la perfección

Como en la vida. Una vez sabes cómo funciona, puedes variarla a tu antojo.

Se sabe un CANAL, un transmisor que interactúa con el prójimo para indicarle un camino, una dirección. Su búsqueda es constante.

La INSPIRACIÓN puede venir de muchos lugares, pero al final la que importa es la que parte del CORAZÓN.

En su obra transmite ALEGRÍA y eso hace que se sienta pleno. Ha encontrado su sitio y, aunque pueda tener un bloqueo en algún momento, siempre busca la forma de volver a fluir.

Sabe cómo elevar su VIBRACIÓN cuando está baja. Vuelve al origen, a lo sencillo. Se sienta en una playa, o en la ladera de un monte. RESPIRA y CONECTA.

De forma MÁGICA, todo vuelve a su sitio y puede volver a CREAR.

Es algo más fuerte que tú, que te lleva justo a ese sitio de creación maravilloso.

Durante muchos años estuvo viviendo tal y como quería la sociedad. Esta situación solo le trajo dolor y sufrimiento.

Tuvo la VALENTÍA de dejar todo eso atrás e ir allí donde su ALMA le estaba llevando.

El arte le dio la vida, y ahora él quiere aportar eso a los demás. **Cómo lograr la felicidad a través del arte.**

"Dentro de veinte años a partir de ahora te arrepentirás de las cosas que no hiciste, así que suelta las amarras y navega fuera de tu zona de confort, busca el viento en tus velas. Explora, Sueña, Descubre".

Mark Twain

Un consejo que da es la PERSEVERANCIA. Al principio de hacer sus **bolas de luz**, éstas eran achatadas, amorfas… Siguió intentándolo hasta que consiguió darles la forma de esfera que hoy nos presenta.

Perseverar, mantenerse enfocado y no decaer cuando las cosas no salen como esperas, es la forma de lograr el éxito. Hay que fracasar muchas veces para lograrlo.

Cuando consigues el éxito, cuando tus sueños se hacen realidad, parece que no ha habido esfuerzo detrás, pero son muchas las horas de trabajo, muchas las caídas y "fracasos" que te han hecho más fuerte y te han dado alas para crecer y volar.

Aprender de las caídas es fundamental, te aportarán la SABIDURÍA necesaria para alcanzar el ÉXITO.

¿Sabías que Edison, antes de inventar la bombilla, fracasó miles de veces?

No se rindió, hasta que lo consiguió. Él decía: "*No he fracasado, sólo he aprendido miles de formas de cómo no hacerlo*"

Crea tu propia magia, diviértete, olvídate de las personas que te critican y **sigue adelante**.

No te estreses por el trabajo, deja de buscar la perfección, no existe. No te preocupes por lo que piensen los demás, **sal ahí fuera y comparte**.

SACA A TU NIÑO INTERIOR Y JUEGA, HAZLO SIN PARAR.

ME ACEPTO Y ME AMO

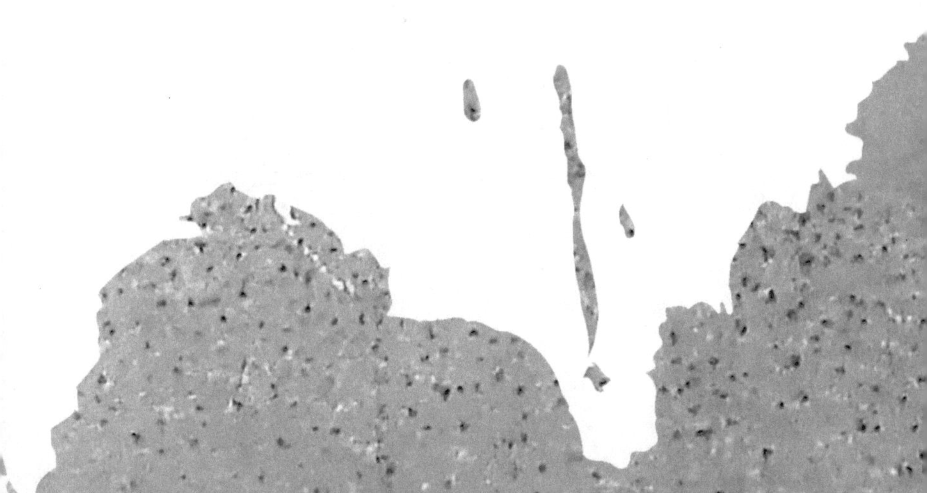

11
FRIDA KAHLO

Como no podía ser de otra forma, he querido hacerle mi pequeño homenaje a esta gran artista que tanto me ha dado.

Allá va.

Su infancia transcurrió más o menos feliz hasta los seis años, que enfermó de poliomelitis. Este hecho la llevó a estar en cama durante nueve largos meses.

La pierna derecha quedó más delgada que la izquierda. Al principio sentía cierto complejo, pero después, su gran sentido de la estética y la CREATIVIDAD, la llevó a disimular su "imperfección" con su indumentaria.

Imperfección, qué bella palabra, ¿verdad?

Nos pasamos la VIDA buscando lo que creemos es la perfección, hasta que nos damos cuenta de que, ésta, como tal, no existe.

En esa búsqueda son muchos los que nos hemos perdido, porque *"la perfección es tan evasiva como el silencio"*. Nunca la podrás alcanzar del todo, y justo cuando parece que la tienes…algo cambia y desaparece.

Es como la FELICIDAD, ¿recuerdas?

Cuanto más la buscas y más la quieres retener, más se escabulle, sin embargo, una vez fluyes, se posa en tu hombro como una mariposa.

Frida hizo de todas sus "imperfecciones" señas de identidad y las elevó a la categoría de arte. Su ropa, sus complementos, su aspecto físico, ha sido emulado hasta la saciedad –aún se hace-, hasta el punto de que grandes diseñadores de moda se han basado en ella para crear sus colecciones.

Una mujer AUTÉNTICA, que decidió embellecer sus heridas a la manera del KINTSUJI, la técnica de restauración de cerámica japonesa que recubre de oro cada una de las grietas restauradas.

De familia acomodada, la relación con su madre era compleja. De convicciones muy religiosas, discrepaban sobre el papel que la mujer debía tener dentro de la familia. La madre abogaba por la mujer ama de casa, sumisa y recatada, y Frida no estaba dispuesta a ello.

Es curioso como después, al enamorarse de Diego Rivera, todo aquello por lo que había discutido con su madre, lo incorporó a su vida de forma natural y una parte de ella vivía por y para su marido. Le gustaba tener la casa muy limpia, cuidarle y hacerle la comida que a él le gustaba.

¿Te ha pasado alguna vez?

Has rechazado un hábito de tus padres, un comportamiento, te has dicho mil veces que TÚ NO, pero de pronto, cuando menos te lo esperas, te encuentras repitiendo la misma situación.

Es tu aprendizaje, son tus creencias. Tu cerebro ha recibido la información desde pequeño y, aunque quieras obviarlo, está en tu subconsciente grabado a fuego. No puedes huir de ello pues, cuanto más huyes, más se acerca.

Las historias, los acontecimientos se repiten hasta que los superamos y aprendemos de ellos; es entonces, y solo entonces cuando "cambiamos de escenario".

¿Quieres no repetir la historia de tus padres?

Primero has de aprender de ella, y después REAPRENDER.

Y, ¿cómo aprendes de ella?

Desde el AGRADECIMIENTO, el AMOR y la ACEPTACIÓN.

Ellos lo hicieron lo mejor que pudieron y supieron, te trasladaron aquello que conocían, aquello que les enseñaron a ellos.

Cuando huyes, cuando te enfrentas o rechazas algo, estás centrando tu atención en eso que quieres evitar.

AQUELLO EN LO QUE TE CONCENTRAS SE EXPANDE.

¿Lo crees?

Teresa de Calcuta, cuando la invitaban a conferencias, simposios o eventos en contra de la guerra, siempre decía no, y añadía: *"Invitadme cuando hagáis algo A FAVOR DE LA PAZ".*

Esto es algo de lo que fui consciente hace poco tiempo, cuando vas en contra de algo, en este caso, la guerra, estás concentrando tu ENERGÍA en eso, en la guerra, y atraes más y más...

Leí una frase de Mingote, que con la ironía que le caracterizaba, resume muy bien todo esto: *"Todos quieren la paz, y para asegurarla, fabrican más armas que nunca"*

¿Qué te parece?

¿No es mejor concentrarte en la PAZ? Atraerás más y más, y la expandirás.

"No hay camino para la paz, la paz es el camino"

Mahatma Gandhi

Pero, volvamos a Frida…

De su padre heredó el gusto por la NATURALEZA, sentía verdadero AMOR por ella y necesitaba estar en contacto continuamente. **Sentía la conexión que el SER HUMANO tiene con la MADRE TIERRA.**

"Los árboles son los esfuerzos de la tierra para hablar con el cielo que escucha"

Rabindranath Tagore

La vida todavía le tenía reservadas algunas sorpresas: con dieciocho años sufrió un accidente de tráfico y su cuerpo quedó destrozado.

A partir de ese momento, el dolor pasó a ser un tema recurrente en su vida y también en su obra.

Pasó varios meses inmovilizada, casi no podía moverse. El aburrimiento, y la necesidad de canalizar el sufrimiento de alguna manera, la llevó a empezar a pintar.

La pintura se convirtió en su diario, la forma que tenía

de expresar lo que sentía y cómo lo sentía. Una forma de trascender el dolor y hacerlo más llevadero.

Su obra era, ES, pura poesía, poesía del dolor y la esperanza.

El sufrimiento iba en aumento, ya no solo físico sino también emocional. Quería ser madre, pero debido a las heridas sufridas en el accidente no lo consiguió, se quedaba embarazada y al poco tiempo abortaba.

A esto se unía la falta de seguridad que aún tenía en su carrera como artista, se escondía detrás de la inmensidad –en sentido literal, pues era físicamente enorme y además la obra que hacía era de carácter monumental-, de Diego Rivera.

Otro dolor añadido era la constante infidelidad de su marido, y **cuanto mayor era el dolor emocional, mayor era el dolor físico.**

Su NIÑA INTERIOR, necesitaba mucha atención y sentirse amada. Cuando esto no lo tenía, enfermaba.

Todo este dolor la llevó a hacer una serie de autorretratos que la encumbraron como una ARTISTA VALIENTE, ORIGINAL, AUTÉNTICA y ADELANTADA A SU TIEMPO.

En estos cuadros exalta las cualidades que ella entendía como femeninas: verdad, realidad, crueldad y sufrimiento.

Por fin triunfó, se lo CREYÓ, y encontró su sitio. Empezó a ser una ARTISTA por derecho propio. Había logrado su INDEPENDENCIA.

¿O quizá no?

Aunque siempre transmitía ESPERANZA y ALEGRÍA allí donde iba, **seguía sintiendo un vacío enorme dentro de ella**. Un vacío que empezó a llenar con el **alcohol,** quizá para mitigar el dolor físico también, pero la realidad es que, aun estando rodeada continuamente de personas, se sentía sola.

¿Qué ocurrió?

Cada vez necesitaba más, y más. Hasta el punto de llegar a beberse una botella de brandy diaria. Había empezado a beber de forma desproporcionada.

Su adicción al alcohol, unido a la ingesta de calmantes para la espalda, hizo que su salud se fuera deteriorando cada vez más. Tenía anemia, falta de circulación en la pierna derecha, casi no podía andar por sí sola…

Estuvo ingresada durante un año en un hospital y allí, ayudada por un caballete especial, siguió pintando. Algo había cambiado en ella, y también en su obra, su pintura se volvió agitada, desesperada.

¿Había perdido la esperanza?

Nunca la perdió del todo, era una de sus señas de identidad.

Puede que los dolores físicos y emocionales que sufría pudieran haber influido, pero lo que está claro, y lo digo por experiencia, es que **en el momento que entras en la rueda de los hábitos poco saludables, de la adicción, algo en ti se quiebra**, y puedes llegar a perder la ESPERANZA.

Aprendí que **las afirmaciones, las palabras que nos decimos tienen una fuerza increíble**. Cuando te notes caer, cuando sientas ese vacío, afirma, y hazlo todas las veces y lugar que te sea posible.

ME ACEPTO Y ME AMO

GRACIAS GRACIAS GRACIAS

EL ARTE ES SANADOR

ARTE TERAPIA

San Francisco de Asís

Es ésta un tipo de terapia que está funcionando de maravilla hoy día, sobre todo en todo aquello relacionado con las **adicciones.**

Utiliza como vehículo las **artes plásticas** para RECUPERAR y MEJORAR la salud tanto mental como física, así como el bienestar emocional y social.

Se usa como medio de expresión y **ayuda a los pacientes a comunicarse, reducir el estrés y la ansiedad, aumentar la creatividad y la atención.**

Mediante el proceso creativo, ayuda a canalizar las emociones más vinculadas a la adicción: la ira, la frustración, la ansiedad, la culpa.

Se aprenden y abren nuevos canales de comunicación con uno mismo y los demás.

A la mayor parte de las personas con problemas de adicción les cuesta reconocer lo que sienten, tanto a nivel físico como emocional.

Mediante el uso de pintura, dibujo, barro, fotografía, escultura, y otras muchas disciplinas, la persona implicada **se permite expresar lo que está sintiendo**.

"DIBUJAS TU EMOCIÓN" DE FORMA QUE PUEDAS RECONOCERLA, Y ASÍ ENCONTRAR LAS ESTRATEGIAS ADECUADAS PARA SANARLA.

Al ser una **vía de autoconocimiento** no es necesario tener una dificultad previa para beneficiarse de sus virtudes. **Cualquier persona que quiera conocerse un poco mejor, puede hacerlo.**

¿Te animas?

Te podrás beneficiar de todo lo bueno que conlleva.

Además de ser muy eficaz en el tratamiento de adicciones, podrás aprender a expresar tus sentimientos, canalizar tus emociones, aumentar tu creatividad, mejorar la calidad de vida, reforzar tu autoestima, ayudar a reconciliarte con tu **NIÑO INTERIOR,** entre muchas otras bendiciones.

En ocasiones, se utiliza también en personas con autismo o síndrome de down.

El ARTE es una maravilla lo mires por donde lo mires, y **es una de las mejores maneras de expresar lo que sentimos.**

"El arte es la expresión de los más profundos sentimientos por el camino más sencillo"

Albert Einstein

En mi caso, como ARTISTA, no llegué a asistir a esta maravillosa terapia pues **el arte ya estaba en mí**. Era algo que practicaba casi a diario de una manera o de otra.

En los momentos en los que más dolor sentía, escribir, pintar, volcarme en cualquier actividad creativa, hacía que me sintiera mejor.

Podía expresarme, expresar mis emociones y sentimientos, podía plasmar toda mi ira y toda mi frustración.

Un canalizador maravilloso que me permitía encontrar un remanso de PAZ. Una SANACIÓN DEL ALMA.

En Arte-terapia, solo el artífice de la obra puede interpretarla. Es él quien debe sumergirse en ella para llegar a rincones recónditos de su SER.

El terapeuta está de guía y apoyo, da una serie de pautas a seguir, pero nunca puede, ni debe interpretar la obra en cuestión.

El "artista" en el mayor silencio posible, para evitar *inputs* externos, llega a manifestar su inconsciente en aquello que está plasmando: un dibujo, un relato, un trabajo en barro…

TODA OBRA ES VALIOSA, las habilidades o conocimientos artísticos no son importantes. Lo fundamental es la AUTENTICIDAD, ESPONTANEIDAD y SINCERIDAD.

Estas tres cualidades son necesarias si quieres DE VERDAD, sacar a la LUZ todo lo que está pasando dentro de ti. Una vez tomas conciencia, puedes realizar todos los cambios necesarios para tener una VIDA plena y feliz.

En el caso de las **adicciones**, ser consciente de aquello

que te ha llevado a esa situación que estás viviendo, para tomar total RESPONSABILIDAD, y utilizar, **apoyado por un terapeuta**, las herramientas para cambiarlo.

Bien es verdad que, durante un tiempo, sólo fui capaz de CREAR cuando me sentía poco bien, cuando estaba doliente o me sentía abandonada.

Llegó un momento en que esto no me satisfacía, **¿de verdad quería vincular el arte, la creación, al dolor?**

Para mí se había convertido en una costumbre y, cuando me encontraba bien –eran pocas veces-, mi capacidad de crear caía.

Había formado un vínculo tan fuerte entre el arte y el dolor que cuando empecé a sentirme mejor, me resultaba poco fácil ponerme a ello. Lo relacionaba con la falta de control, con el malestar y la frustración.

Llegué a pensar que no tenía nada bueno que ofrecer al mundo, que mi alma estaba perdida y todo lo que había en ella era poco bueno.

Pero no desistí, seguí adelante y, poco a poco, **fui abandonando esa CREENCIA, esa que creía que mi arte sólo podía venir de las partes más oscuras de mi alma**.

Con mucho tiento, volví a coger los pinceles, a escribir, y fui descubriendo que sí podía, ¡SÍ SE PUEDE!, hacer desde otro lado, desde el lado de la LUZ y el AMOR.

Gracias al **ARTE**, me fui reconciliando con mi yo adulta, al tiempo que lo hacía con mi **niña interior**. Le fui permitiendo **salir a jugar, a divertirse, a crear, en definitiva.**

SOMOS CREADORES.

Cuando eres niño y te sientes seguro, eres libre y espontáneo por naturaleza. Conforme creces vas perdiendo esta capacidad, empiezas a albergar la CREENCIA de que todo lo relacionado con "jugar" y disfrutar es patrimonio exclusivo de los niños, y está vetado para los adultos.

CUANDO "JUGAMOS", CUANDO NOS PERMITIMOS JUGAR, NOS PROBAMOS A NOSOTROS MISMOS, PONEMOS EN MARCHA TODO UN ENGRANAJE EN EL QUE NUESTRA IMAGINACIÓN, INTUICIÓN Y CREATIVIDAD SE PONE LAS PILAS Y FUNCIONAN A TODA VELOCIDAD.

"La curiosidad vence al miedo más fácilmente que el valor"

James Stephens

¡Es tan importante mantener un espíritu curioso!

Es la CURIOSIDAD la que te impulsa a buscar y encontrar nuevos caminos, a vencer las leyes de la gravedad si es necesario.

O, ¿no era Platón quién decía: *"El verdadero juego es la necesidad infantil de saltar"*?

Y el ALMA se expande.

Todos los descubrimientos, grandes y pequeños, las maravillosas obras de arte de que disfrutamos y los libros que leemos son fruto de una gran curiosidad, y una mayor necesidad de **jugar el juego de la vida, de activar la imaginación, conectar con tu verdadero**

propósito, y extender las alas.

Una vez te reconcilies con tu **niño interior**, podrás trabajar con él al unísono para dar los pasos necesarios en pro de sanar las heridas.

De esta forma la ansiedad desaparece, y puedes dejar con más facilidad tus compulsiones y adicciones.

Y, ¿qué puedo hacer para reconciliarme con él?

Te preguntarás.

En *Tu Obra Dorada* quiero poner a tu disposición todas las herramientas que me ayudaron a mí, y de las que echo mano cuando veo que me despisto y lo necesito. Lo hago desde mi experiencia, porque a mí me han servido y sé que funcionan.

No obstante, es vital que, primero y, sobre todo, si tienes algún problema de dependencia o adicción, te pongas en manos de un profesional que te guíe y te apoye en tu camino. Así lo hice yo y doy las gracias por ello.

Una vez aclarado esto, comparto contigo los hábitos que me ayudaron en el trayecto.

El trabajo con el niño interior es de gran utilidad para sanar las heridas del pasado. Para ello es necesario que superes las limitaciones de tus padres.

Con todo mi AMOR, a continuación,

TE CUENTO.

PINCELADAS DE AMOR HACIA TI

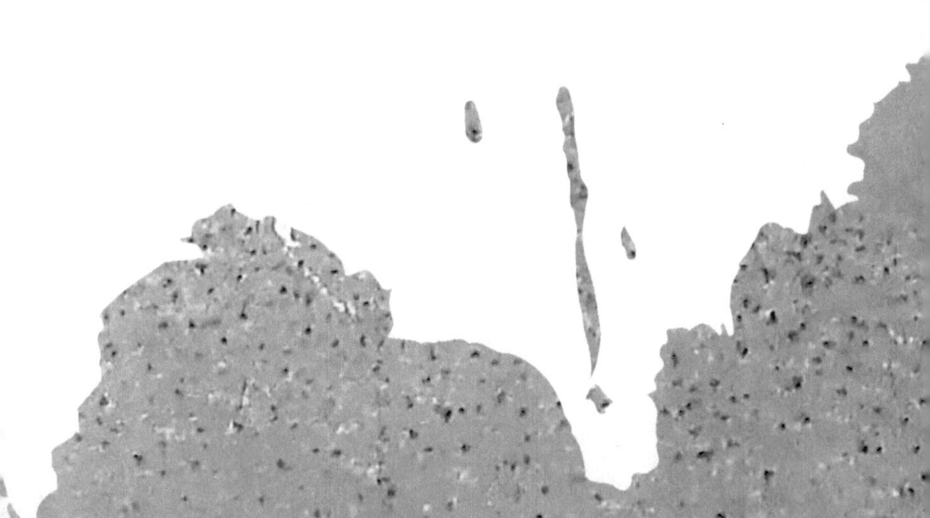

HAZTE **RESPONSABLE**

COMUNÍCATE CON TU NIÑO INTERIOR

TOMA CONTACTO CON LA **NATURALEZA**

APRENDE A **RESPIRAR**

HAZ **AFIRMACIONES**

ACÉPTATE TAL Y COMO ERES

PERDONA Y PERDÓNATE

DATE **PERMISO** PARA TENER IRA O RABIA

AGRADECE

HAZ **EJERCICIO**

EMOCIÓNATE Y SORPRENDETE

FOMENTA LA **CREATIVIDAD**

REDUCE EL CONSUMO DE APARATOS ELECTRÓNICOS

AUMENTA LA **VIBRACIÓN**

HAZ AQUELLO QUE TE HAGA **FELIZ**

HAZTE RESPONSABLE

Cien por cien, responsable.

Cuando tu **niño interior** está herido se siente víctima y se comporta como tal.

No supo o no le enseñaron a gestionar sus emociones cuando le tocaba y ahora como adulto, tampoco.

Tu "niño" no ha crecido, te quedaste anclado en una edad determinada y así es como, tu yo adulto, se siente y se comporta.

En mi caso, me quedé anclada en los catorce años, y lo hice hasta hace escasos diez años. Mi estado de victimismo no me permitía crecer, y mi adicción al alcohol, tampoco.

Una vez tomé RESPONSABILIDAD sobre mi VIDA, me transformé por completo.

"El mayor día de tu vida y la mía es cuando tomamos responsabilidad total sobre nuestras actitudes. Ese es el día en que realmente crecemos"

John C. Maxwell

La "culpa" es de los demás, todos tienen una gran responsabilidad en todo lo que te está pasando.

Por supuesto, "tu no, tú eres una **VÍCTIMA** de las circunstancias, y los demás: tus padres, amigos, hermanos, el mundo entero deberían saberlo y además cuidar de ti..."

Así se lo haces saber, deben "pagar" por lo que han hecho, haciendo su aparición una segunda figura, la del **VERDUGO**.

Ese que está dispuesto a hacer justicia por todo lo que te han hecho, a imponer el castigo que sea necesario, le duela a quien le duela. Haces daño, te haces daño, te sientes culpable y quieres compensar. Aparece entonces el **SALVADOR**.

¿Lo conoces?

Ese que, llevado por la culpa se pasa de complaciente, y de "ayuda", a la otra persona por sentirse mejor, pero que, una vez se da cuenta de que este no es el camino y se siente rechazado, pierde todo el poder que, de forma equivocada, creía tenía. Vuelve a adoptar el papel de víctima y vuelta al principio.

¿Te suena?

Es todo un círculo vicioso que sólo puedes romper tú. Y lo haces parándote, **mirando un poco hacia dentro y preguntándote si tienes algún tipo de responsabilidad en todo lo que te está pasando**.

Una vez te haces esta pregunta, tu mente empieza a estar preparada para el CAMBIO, para la TRANSFORMACIÓN.

Por supuesto, todo lo que te ha ocurrido, las dificultades por las que has pasado, los desiertos transitados, las personas que te hicieron sufrir, y todo el dolor que sientes es tu experiencia, y está ahí.

No se trata de obviarlo y pensar que no sucedió, sino de darle la vuelta y ponerlo de cara a ti.

Pensar que todo ocurrió por alguna razón y lo más importante, por mucho daño que te hayan hecho, por ejemplo, tus padres, llega un momento en que debes –aquí digo debes- **tomar las riendas de tu vida y dejar de centrarte en el pasado**.

Lo que ocurrió, ocurrió, ahora como adulto te toca hacerte responsable de tus actos, para poder modificar hábitos y así mejorar tu vida.

El ponerte en esa posición te hará sentir más fuerte al tiempo que vas modelando la COMPASIÓN hacia ti mismo y los demás.

Poco a poco irás dejando de tener la necesidad de castigar o castigarte.

Cuando somos adultos, tenemos tendencia a ejercer el castigo sobre nosotros mismos y sobre los demás como lo hacían nuestros padres. Repetimos el patrón.

De nosotros depende romperlo y crear uno más TIERNO y AMIGABLE.

Paradójicamente, CUANDO TE RECONCILIAS CON TU NIÑO INTERIOR Y LO DEJAS SALIR A JUGAR, VAS CRECIENDO COMO ADULTO, CONVIRTIÉNDOTE A CADA PASO EN UN SER HUMANO MEJOR Y MEJOR.

COMUNÍCATE CON TU NIÑO INTERIOR

Hay muchas formas de hacerlo.

Al principio de este libro te he hecho una propuesta: escribir una carta a tu niño interior.

¿Lo has hecho?

Quizá pienses: ¡Para qué! ¡Menuda tontería!

Te entiendo.

En su momento pensé lo mismo, y aun así lo hice.

HAZLO

El resultado es transformador.

Me costó decirme cosas bonitas. Demasiado tiempo hablándome poco bien, pero hice un esfuerzo y me puse a ello.

Cuando terminé, mis ojos se llenaron de lágrimas. Hacía tiempo que no escuchaba esas palabras, tampoco estaba segura de haberlas escuchado antes, parecían ajenas a mí, sin embargo, eran para mí.

Me sentí RECONFORTADA, me había dado la BIENVE-

NIDA a este mundo y lo hacía con alegría. Qué extraño…no estaba acostumbrada.

Está demostrado que para cambiar un hábito o una creencia son necesarios entre veinte o treinta días de repetición constante y, si te equivocas, vuelves a empezar.

No recuerdo los días que fueron, quizá treinta, en los que me leía la carta **HACIENDO QUE ME LO CREÍA, HASTA QUE ME LO CREÍ.**

Seguí la máxima que me habían enseñado, actúa como si ya lo tuvieras, **actúa como si ya lo creyeras, hasta que lo CREAS.**

Y así ocurrió, CAMBIÉ la idea de haber sido poco bienvenida, poco querida, por la convicción de ser amada, sobre todo por mí. Ante esto, **mi corazón se hizo grande por primera vez en mucho tiempo y empecé a respirar.**

Te voy a proponer algo que te parecerá más sorprendente todavía: que tú, como **niño bebé,** te escribas una carta.

Ponte en el lugar de tu bebé cuando estaba a punto de llegar a este mundo, y escribe.

Puedes hacerlo con la mano derecha o la izquierda. Los profesionales prefieren la no dominante, pues de esta forma, estarás activando la parte de tu cerebro relacionada con la CREATIVIDAD, por lo que, cuando escribas, no lo estarás haciendo de una manera racional. Fluirás con mayor libertad, y te sorprenderás de los resultados.

Algo corto, los bebés aún no saben comunicarse muy bien: *"Querida MªJosé, estoy aquí, ven a buscarme, tengo muchas ganas de verte. Te AMO."*

Él ha contactado por primera vez contigo en mucho

tiempo, es posible que estés a la defensiva, que no termines de creerte que realmente quiere estar contigo.

Posiblemente, él también lo esté. Te ha escrito, pero aún no confía en ti del todo.

Necesitáis vuestro continuo calor para ir abriéndoos el uno al otro.

Cógele la mano y date un paseo. Pídele disculpas por haber estado ausente todo este tiempo, dile que **quieres SER lo mejor para él** y pregúntale qué le gustaría hacer.

Puedes cerrar los ojos si así sientes que te comunicas mejor, o bien coger una fotografía de cuando eras pequeño y hablar con él.

Tendrás resistencias, tanto tuyas como de tu "bebe". Se revolverá, pero, poco a poco, **irá saliendo y te acompañará.**

Lo harías por cualquier persona querida a la que has hecho daño o has abandonado en los momentos poco fáciles, ¿verdad?

Con más motivo por ese niño que está dentro de ti.

Al fin y al cabo, está contigo las veinticuatro horas del día, está unido a ti para siempre. Llevarte bien con él y hacer que se sienta a gusto, es lo más inteligente.

Otro ejercicio, en ese escribir con la mano no dominante, es **hacerle una pregunta a tu niño interior con la mano que utilizas normalmente y dejar que te conteste con la otra.** Te sorprenderás.

"El niño que no juega, no es niño, pero el hombre que no juega perdió para siempre al niño que vivía en él, y le hará mucha falta".

Pablo Neruda

Juega con él.

¿Qué te gustaba hacer cuando eras pequeño?

No importa lo "tonto" que crees sea lo que quieres hacer, si eso hace feliz a tu niño interior, hazlo.

Ponte a ello.

¡TE AYUDARÁ!

Juega con él.

¿Qué te gustaba hacer cuando eras pequeño?

No importa lo "tonto" que crees sea lo que quieres hacer, si eso hace feliz a tu niño interior, hazlo.

¡TE AYUDARÁ!

TOMA CONTACTO CON LA NATURALEZA

"Si realmente amas la naturaleza, encontrarás la belleza en todas partes"

Vincent Van Gogh

Tomar contacto con la Madre Tierra, respirar aire puro, abrazar árboles, caminar entre montañas, sentarte frente al mar, meterte en el agua helada y sentir como hasta el último poro, hasta el último átomo de tu cuerpo, **se despierta y te insufla vida.**

Vivo en Madrid, en el centro, además. Me encanta, soy urbanita, sin embargo…cada vez siento más la necesidad de escaparme a tomar contacto con la naturaleza.

Noto que, cuando lo hago, soy más consciente de que **hay algo mucho más grande que yo que me cuida y me acompaña en el camino**, y lo más importante, MI NIÑA INTERIOR SE SIENTE RECONFORTADA.

A los niños les gusta estar al aire libre, les gusta tener espacio para correr y saltar, les gusta ensuciarse y poder tirarse en el campo, en el césped, sentir el frescor de la hierba.

No tienen conciencia de manchar la ropa o rasgar el pantalón. En la naturaleza **se sienten libres y activan su imaginación.**

Aunque actualmente vivo en una gran ciudad, tuve la enorme suerte de crecer frente al mar además de vivir en una urbanización rodeada de jardines, plantas y flores. La mayor parte de nuestros juegos se hacían en ese entorno, y el recuerdo que tengo de esos momentos es extraordinario.

"La naturaleza sostiene la vida universal de todos los seres"

Dalai Lama

¿Has probado a abrazar un árbol alguna vez?

¿Recuerdas haberlo hecho cuando eras niño?

Tienen una energía brutal, son pura MAGIA, sólo alzar la mirada y observar cómo se elevan hasta el cielo, te llena de AMOR y AGRADECIMIENTO.

Una ciudad como la que vivo ofrece muchas posibilidades, tiene grandes y pequeños pulmones a los que poder escaparte siempre que lo necesitas.

¿Dónde vives tú?

Seguro podrás encontrar ese rincón en el que conectar con la naturaleza y escuchar el silencio.

Puedes darte un paseo, **leer un libro**, correr, ir a darle de comer a los patos, o simplemente observar.

¿Lo quieres?

Son muchos los BENEFICIOS que puedes obtener al estar en contacto con la naturaleza, entre ellos:

***Aumenta tu nivel de energía**. Te sientes mucho más VITAL. La naturaleza es vida y eso es lo que te transmite. Las personas que van de su trabajo en una oficina, a su casa, y de ésta, otra vez a la oficina, se ha demostrado que son personas que sienten un cansancio mucho mayor al final del día, que aquellas que **se permiten dar un paseo por un parque y respirar aire puro.**

*Al aumentar tu energía, **la ansiedad y el estrés se reducen** por lo que te sientes mejor, más alegre y optimista y más preparado para realizar todas las tareas que se te presenten.

Mejoras tu estado de ánimo y tu autoestima.

*Todo ello influye en tu **poder de concentración**. Cuando sientes PAZ en tu interior, eres capaz de vivir más en el momento presente, por lo que puedes obtener CLARIDAD y FOCO que te lleva a concentrarte mejor en lo que estás haciendo.

***La naturaleza es SANADORA**. Muchas veces puede ser el gran sustituto de la pastilla que te tomas cuando te duele la cabeza, también de esa copa que te apetece tomar cuando aparece la ansiedad, y con ella, la compulsión.

Es una forma de decirle a tu niño interior que entiendes lo que está sintiendo y que, por ello, le va a llevar a dar un paseo por el parque, el bosque, un lago o cualquier sitio que tengas en el lugar donde vives.

Seguro hay algo, EL QUE BUSCA ENCUENTRA, Y LO QUE ESTÁS BUSCANDO YA TE ESTÁ BUSCANDO A TI.

APRENDE A RESPIRAR

Qué importante es esto y qué poca atención le prestamos, ¿verdad?

Hoy día se habla mucho más de ello, hay muchas corrientes que nos indican cómo hacerlo y cuáles son sus beneficios.

Respiramos de forma automática y creemos que lo hacemos correctamente, pero no es así. Lo hacemos de forma rápida y entrecortada en lugar de hacerlo lenta y profundamente.

Al hacerlo de esta última forma, **dotamos a todo nuestro organismo del oxígeno necesario, beneficiándonos de un BIENESTAR total.**

Hay muchas técnicas que pueden ayudarte, entre ellas: la MEDITACIÓN y el *MINDFULLNES* –una variante de la primera- además del yoga, y también el pilates.

Otra forma que practico todas las mañanas es ponerme de pie, donde esté, no importa el sitio. **Abrir los brazos en toda su longitud y respirar desde el abdomen, al tiempo que miro hacia arriba y abro el esternón.**

Con esta práctica estoy enviando dos mensajes: uno de APERTURA y otro de AGRADECIMIENTO. Por un lado, le digo al Universo que estoy preparada para todo lo bueno que está llegando y, por otro, agradezco eso, y todo lo que tengo ahora.

Al sentir bienestar, tu **niño interior** también lo estará, y estarás en mayor disposición para abrazarle y dejarle salir a disfrutar y hacer lo que mejor sabe hacer, CREAR.

El *mindfullnes*, es una técnica de meditación que se rige por los principios del **aquí y ahora**.

Vivir el momento como filosofía de vida, te ayuda a reducir el nivel de estrés, además de la ansiedad que éste produce. Tu mente dejará de irse al pasado o al futuro con tanta frecuencia e **irás encontrando la armonía tan necesaria para vivir en plenitud**.

En mi caso, es en los momentos de alto nivel de estrés, cuando la respiración se entrecorta, el corazón se acelera y la cabeza parece que me estalla.

Es entonces cuando la compulsión "asoma la patita" y me sorprendo con pensamientos del tipo *ahora me tomaría una cerveza* que, por supuesto, **enseguida descarto**.

Lo que hago es respirar profundamente, todas las veces que sea necesario hasta lograr equilibrar el ritmo de mi corazón. Dejo mi cabeza en *stand by*, cierro los ojos y respiro, larga y profundamente.

La compulsión desaparece.

Para mí fue todo un descubrimiento.

TE LO RECOMIENDO

Verás como todo se transforma.

HAZ AFIRMACIONES

La MAGIA de las afirmaciones.

"Las afirmaciones abren puertas. Son puntos de partida en el camino hacia el cambio"

Louise Hay

Tu mente tiene grabadas en su disco duro miles de horas de afirmaciones negativas que te decían cuando eras pequeño, y no tan pequeño.

¿Qué te decían?

Pareces tonto, mira la princesa que quiere ser reina, pero tú quién te crees que eres, me vas a matar, te pareces a tu padre o a tu madre –dicho esto como algo negativo-. *A ver si aprendes a hacer las cosas bien...* y cuántos noes, ¿verdad?

Un disco duro lleno a rebosar de información repetida una y otra vez, hasta hacer mella en ti y calar bien hondo.

Lo sorprendente de esto es que, ahora como adulto, sigues diciéndote lo mismo y, si tienes hijos, a ellos también. **Es lo que tu cerebro aprendió y lo saca a relucir de manera automática.**

¿Te has sorprendido alguna vez diciéndote: *"¡Seré idiota!"*, cuando te has equivocado en algo?

Yo sí, muchas veces.

¿Sabes qué hice?

"Bien fácil", CAMBIÉ LAS AFIRMACIONES QUE ME HACÍA POR OTRAS MÁS POSITIVAS, Y LAS REPETÍ TANTAS VECES COMO FUE NECESARIO HASTA QUE CALARON EN MÍ, ESTA VEZ DE MANERA BENEFICIOSA Y TRANSFORMADORA.

He escrito "bien fácil" a la ligera, ya que no lo es tanto, de ahí las comillas. Sí hacerlo, pero después has de ser CONSTANTE. Es primordial para tener éxito en la operación.

Por ejemplo, si de pequeño te decían: *"¡Qué torpe eres!"* cuando algo se te caía al suelo, probablemente te lo habrás creído, hasta el punto de que se te caen muchas cosas al suelo **para hacer cierta dicha afirmación**.

AQUELLO QUE CREES, CREAS.

Así que, **¿por qué no crear una mejor forma de pensar, más positiva y amable?**

La mejor manera de cambiar este patrón es cambiar la afirmación y repetirla tantas veces como sea necesario.

Afirma:

SOY UNA PERSONA CUIDADOSA Y ATENTA. MI NIÑO INTERIOR ES CUIDADOSO Y ATENTO.

Hazlo a diario y, cuando algo se caiga y vuelva el patrón anterior, da marcha atrás y vuelve a decir SOY UNA PERSONA CUIDADOSA Y ATENTA. MI NIÑO INTERIOR ES CUIDADOSO Y ATENTO.

Son muchas las **afirmaciones** que puedes hacer, tantas como patrones necesites cambiar.

Puedes hacer las tuyas propias, aquí voy a compartir varias que me ayudaron a mí. Algunas las adopté de mis mentores, otras las creé para mí en aquellos momentos en que lo necesitaba.

¡Comenzamos!

SOY VALIENTE Y TENGO DETERMINACIÓN.

SOY VALIOSO.

EL PASADO HA TERMINADO, HA DEJADO DE TENER PODER EN EL PRESENTE. LOS PENSAMIENTOS DE ESTE MOMENTO CREAN MI FUTURO.

ESTOY VIVO, MI NIÑO INTERIOR ESTÁ MUCHO MÁS VIVO. MANIFIESTO COMPLETAMENTE LA VIDA, TANTO MENTAL COMO FÍSICAMENTE.

CONSIGO LA AYUDA QUE NECESITO, Y ÉSTA PUEDE LLEGAR DE CUALQUIER PARTE. MI SISTEMA DE APOYO ES SÓLIDO Y AFECTUOSO A LA VEZ.

SOY CAPAZ DE PERDONAR. SOY AFABLE, AFECTUOSO Y AMABLE, Y SÉ QUE LA VIDA ME AMA.

ME PERDONO Y ME ACEPTO TAL Y COMO SOY. SOY IMPERFECTO. VIVO DE LA MEJOR

MANERA QUE SÉ EN ESTE MOMENTO

AL PERDONARME A MÍ MISMO ME RESULTA MÁS FÁCIL PERDONAR A LOS DEMÁS.

ESTOY DISPUESTO A APRENDER. MIENTRAS MÁS APRENDO, MÁS EVOLUCIONO.

NO IMPORTA MI EDAD, SIEMPRE PUEDO APRENDER Y LO HAGO CON DECISIÓN.

POSEO LA FUERZA PARA PERMANECER EN CALMA ANTE CUALQUIER SITUACIÓN.

SOY UNA PERSONA CAPAZ Y PUEDO HACER FRENTE A CUALQUIER COSA.

ME SIENTO SEGURO CUANDO EXPRESO MIS SENTIMIENTOS.

ME DESHAGO DE MIS TEMORES DE LA INFANCIA. ME SIENTO SEGURO, SOY UN SER HUMANO LIBRE Y HAGO USO DEL PODER QUE ESTÁ DENTRO DE MÍ.

ME HALLO EN EL PROCESO DE HACER CAMBIOS POSITIVOS EN MI VIDA.

CELEBRO MI BUENA SUERTE.

SOY UNA PERSONA SANA Y SALUDABLE.

ME AMO

ME GUSTO Y ME ACEPTO

ME RINDO A MI BIEN SUPERIOR

ESTOY REAFIRMANDO EL CONTROL DE MI VERDADERO SER

Estas son algunas pinceladas en forma de afirmaciones. Te invito a usar a diario aquellas que necesites en ese momento, o mejor, haz las tuyas propias. Es la mejor manera de que te identifiques con ellas y el proceso será mucho más rápido.

ME AMO Y ME ACEPTO

GRACIAS GRACIAS GRACIAS

ACÉPTATE TAL Y COMO ERES

La falta de autoestima es una de las cosas que hacen que un adicto lo sea.

Si, cuando eras pequeño, no te sentiste valorado, tenías la sensación de que a tus padres les hubiera gustado que fueras de otra manera, **empezaste a sentir que había algo incorrecto en ti.**

La falta de autoestima viene de nuestro condicionamiento.

¿Has oído muchas veces la palabra no, o se han centrado la mayor parte del tiempo en aquello que pensaban hacías poco bien en lugar de en todo lo bueno que hacías?

¿Cuántas veces has oído: "¡Pareces tonto!, ¡A ver si aprendes!...?" Y un largo etcétera.

Vives con la sensación de no estar a la altura de las expectativas, a la altura de nada en absoluto.

A mí, mi madre me decía continuamente, que tenía que haber sacado la cara de ella y el cuerpo de mi padre y así sería perfecta.

¿Es que no lo era ya?

¿No era perfecta por el simple hecho de Ser?

Por otro lado, en relación a mi padre, notaba cómo le hubiera gustado que fuera más dulce, más femenina, más… no sé qué más...

La verdad es que era una niña sumamente inteligente y avispada, con mucho carácter, y genio también. Las muñecas no me gustaban demasiado, prefería un buen libro, hacer una carrera o jugar al escondite.

Entre unas cosas y otras, unido al descubrimiento de haber nacido ocho años antes de que mis padres se casaran, fui sintiéndome cada vez más inadecuada e incorrecta.

Me sentía literalmente, al revés. Me avergonzaba de mí, y de todo lo que me rodeaba.

¿Qué te decían a ti?

DALE LA VUELTA.

Tomar conciencia de todo esto, ver los patrones a los que había sido sometida, me permitieron cambiarlos e ir ganando terreno a la autoestima y a mi aceptación.

Eres lo que eres, y así eres un ser maravilloso.

SOY LO QUE SOY.

Louise Hay nos recomienda la **técnica del espejo** y la verdad es que funciona.

Te la cuento.

Te pones frente al espejo y empiezas a decirte cosas como ERES BELLA, TE AMO, ERES PERFECTA TAL COMO ERES…

Al principio no es fácil, el concepto que tienes de ti es poco bueno y no terminas de creerte lo que estás diciendo.

Hasta que te lo crees.

¿Recuerdas que te dije, haz como si fuera verdad hasta que lo sea?

Esto es igual..

De igual modo, **toma todos los comentarios que te hicieron daño, y BUSCA LA FORMA DE DARLES LA VUELTA**.

Por ejemplo, en el que caso de aquello que mi madre me decía, su intención era decirme, cuando me veía preocupada por los kilos de más que, con el metabolismo y cuerpo de mi padre, esa dificultad probablemente no la tendría.

¿Lo ves?

Ella quería ayudarme a sentirme mejor sólo que no supo hacerlo.

VERLO DE ESTA MANERA TE DARÁ UNA VISIÓN MÁS RECONFORTANTE Y TE SENTIRÁS MEJOR.

Y mira atrás, ponte en el lugar del niño que eras, escucha lo que tiene que decir, déjale hablar y reconoce que, todo lo que estás diciendo, sobre si eres adecuado o inadecuado, es fruto de tu imaginación.

Has ido dándole poder a una historia que nada tiene de real. Pues, **el significado de las cosas es aquel que queramos darle.**

ACÉPTATE, ERES ÚNICO E IRREPETIBLE.

Un Ser maravilloso hecho a imagen y semejanza del creador, ¿de verdad crees que puede haber algún tipo de incorrección en eso?

"No sé tú, pero yo jamás he oído hablar de nadie que al nacer pasase por la rueda del "sellado". ¿Te imaginas a Dios poniendo un sello en la frente de cada persona a medida que fuesen llegando al mundo? Valioso..., no valioso... valioso, no valioso...".

T. Hard Baker

Indudablemente esto no ocurre, eres tú quien te pones el sello, quien te cataloga como una cosa u otra o, al menos, quien decide creerlo.

Cuando tu autoestima está baja y necesitas la aceptación de los demás, te escondes detrás de una máscara de apariencia y te conviertes en una especie de camaleón que cambia según el entorno en el que se encuentra, en una marioneta a merced de los demás.

En el momento que te aceptes tal como eres, te sentirás más relajado pues ya no tendrás la necesidad de pelear contigo mismo.

Al mismo tiempo, **las críticas dejan de importarte**, entiendes que no tienen que ver contigo sino con la persona que las hace.

Aceptas todas tus partes, las positivas y también las negativas, entendiendo que estas últimas las puedes modificar, si así lo deseas.

No las escondas, porque **estás en disposición de ser**

auténtico y mostrarte tal y como eres. Tus máscaras se caen y con ello, también, la vergüenza y la ansiedad.

Como toda creencia se fija por repetición, haz lo mismo para CREER y SABER que eres valioso, dilo todos los días y grítalo a los cuatro vientos hasta que te lo creas.

DALE LA VUELTA

PERDONA Y PERDONARTE

¿Te has preguntado alguna vez, por qué las relaciones que tienes con los demás no terminan de cuajar? ¿Por qué te cuesta tanto intimar o confiar?

Cuando esto ocurre, **es señal de que la relación que tienes con tu niño interior es poco buena** también.

Se siente asustado, teme que le hagan daño por lo que prefiere mantenerse oculto, encerrado, "a salvo".

En ese dolor que sientes, en esa desconfianza, se vislumbra también una **necesidad de perdón**.

¿Qué parte de ti no has perdonado todavía? ¿Qué parte de ese niño? ¿Aún guardas rencor a alguien de tu infancia?

¿Qué te parece si desde la posición de adulto que ocupas hoy, te haces cargo de la situación y pones todo de tu parte para dar solución a esto?

"El perdón cae como lluvia suave desde el cielo a la tierra. Es dos veces bendito, bendice al que lo da, y al que lo recibe"

William Shakespeare

En mi caso, es la **perfeccionista** la que sale con toda la artillería para indicarme que todo lo que hago podría estar mucho mejor, infinitamente mejor.

Cuando aparece me posee casi por completo, la imagino como Malévola, veo como extiende su capa, saca su látigo, y se yergue para lanzar sobre mí todo su poder y dejarme aplastada porque "no sé hacer nada bien".

Por supuesto, **esto tiene que ver con mi infancia, y es mi niña interior, Mariajo, la que se siente así**.

Es una forma que tiene mi mente de boicotearme y hacerme sentir poco bien, de hacerme sentir rechazada, incompleta o inviable, tal y como me sentía de pequeña, y no tan pequeña.

Me empiezo a mover como un león enjaulado y la ansiedad hace su aparición.

Ya conozco esta sensación, me dura un poco, pero tengo las herramientas necesarias para decirle a "Malévola" que agradezco su interés y que haya aparecido –si está ahí es para enseñarme algo-. La dejo un rato y la vuelvo a guardar en el cajón.

Le doy las GRACIAS y le digo: "Discúlpame, pero en este momento estoy conversando con mi **niña interior** y estamos llegando a la conclusión de que lo que estoy haciendo está bien y, en caso de equivocarme, no importa. Habré aprendido de ello".

Cuando has crecido en un ambiente en el que todo se media con lupa, hasta el más mínimo detalle, y además, eras castigado de obra, palabra u omisión, por no haber cumplido las expectativas, **acabas por creerte que mereces el castigo** porque no vales y, si no me castigas tú, tranquilo, que ya me castigo yo.

Estás dentro de la zona de comodidad que tu mente conoce.

Aprendes a castigar a tu niño interior de la misma manera que lo hacían tus padres y además lo haces con auténtica maestría.

De esta manera es normal que tu niño esté asustado, a la defensiva y esperando ver de dónde le va a venir.

Una de las maneras más bonitas que aprendí para sanar al niño interior fue el PERDÓN.

Esta palabra que parece tan fácil de decir es poco fácil de practicar, pero una vez lo haces, entra en tu **vida** la maravillosa **compasión** envuelta en grandes dosis de **amor**.

¿Lo quieres?

"El perdón no es un acto ocasional, es una actitud constante".

Martin Luther King Jr

Puedes empezar **perdonando a tus padres.**

Elegiste a tus padres cuando viniste, y lo hiciste con todos sus defectos y virtudes, asumiendo todas las consecuencias.

Los elegiste para evolucionar y sanar aquello que necesitas para crecer aquí y en el otro plano. Todo esto lo olvidaste, y es por ello por lo que la mayor parte de las veces no haces uso de su experiencia para sanarte.

Les culpabilizamos y les hacemos responsables de todo lo que nos pasa. Lo que no sabemos es que todo lo que nos ocurre, ha de ser para evolucionar.

¿Cómo lo hago?

Te preguntarás…

¡Ponte en sus zapatos!

ESCUCHA y entiende su historia.

Pregúntales cómo fue su infancia, cómo se sentían, cómo era la relación con sus padres, con tus abuelos. **Te sorprenderás y verás muchos patrones que se repiten en la relación contigo.**

Esto te dará perspectiva y podrás comprender muchos hábitos y experiencias. Nada es casual y **la mayor parte de los patrones son aprendidos.**

El ser consciente de estos comportamientos te dará la información necesaria para poder cambiar los tuyos.

TODO PATRÓN SE CREA POR REPETICIÓN Y SE ROMPE DE LA MISMA FORMA, CREANDO UNO NUEVO POR REPETICIÓN, TAMBIÉN.

El **perdón** hacia ellos te resultará más fácil, pues te habrás puesto en su lugar. A veces la mente necesita comprender y este ejercicio te lo permitirá.

Los verás de otra manera y eso **te liberará, los liberarás.**

TE INVITO A HACER LA PRUEBA.

Ellos están y han pasado su propio desierto. No se trata de justificar los comportamientos, sino de comprender el porqué de lo que ha ocurrido y aprender a ponerte en el lugar de ellos.

Más de una vez me sorprendí, y ¿qué le ocurre a un niño cuando se sorprende?

Se ALEGRA, se ENTUSIASMA, encuentra vías de solución. Esto es lo que le pasa también a tu niño interior, **su mente se clarifica y puede encontrar la salida.**

En esos momentos de CLARIDAD, tu niño interior está mucho más receptivo, por lo que puedes aprovechar para cogerle la mano y mantener una conversación con él.

Le dices que le entiendes, que comprendes cómo se siente y le pides perdón. **Perdón por haber seguido con los patrones de tus padres, por haberte olvidado de él**.

Ahora SABES, por lo que puedes prometerle que tomarás las riendas de tu propia vida y le proporcionarás una vida feliz.

Al mismo tiempo, le perdonas a él por las veces que se comportó como víctima y te hizo sufrir. **Le proporcionas Amor y te lo proporcionas a ti.**

Le dices que no importa si se equivoca, es la manera de APRENDER, de AVANZAR y CRECER. De los errores se obtienen las mayores enseñanzas y estás dispuesto a acompañarle para seguir adelante.

Como decía mi admirada Louise Hay:

"Ama todas tus partes"

La bebé, la niña, la adolescente, la adulta; todas están en ti y a todas debes perdonar y amar.

Ama y perdona.

A la adicta, a la compulsiva, a la perfeccionista, a la que ríe, a la que salta, a la que se arregla y a la que no le apetece hacerlo. A la estudiosa a la que suspende, a la que se siente torpe ante según qué situaciones, a la creativa, a la imaginativa, a la se siente triste y a veces víctima; a la que infringe dolor sin querer y a la que alguna vez lo hizo queriendo, a la que se divierte, a la que juega, a la que llora…

A TODAS Y CADA UNA DE ELLAS, Y CADA UNA DE SUS PARTES.

La relación que tienes contigo es para toda la vida, AMA Y PERDONA, haz las paces con toda la familia que reside en ti: madre, padre, hijo…, suelta y deja que cada uno de ellos hagan su camino en PAZ y ARMONÍA.

TU NIÑO SE SENTIRÁ RECONFORTADO Y TE LO AGRADECERÁ.

DATE PERMISO PARA TENER IRA O RABIA

Sólo dándote permiso eliminarás la culpa que deja después, la verás como una especie de interruptor que está indicando que algo te está haciendo daño y es necesario sanar.

Una vez te das permiso, puedes aprender a canalizarla, **usando esa ENERGÍA para impulsarte y lograr tus objetivos**.

Te da fuerza, **pero sólo si te das permiso**.

Cuando eras pequeño te la reprimieron y ahora no sabes cómo usarla, es importante RECONOCERLA y ABRAZARLA para saber utilizarla en tu beneficio, y en el de los que te rodean.

¿La has sentido alguna vez? ¿Esa forma interna de explosión como un volcán?

Es una emoción primaria, **una emoción necesaria** ya que es la forma que nuestra mente desarrolla para darnos EMPUJE, en los momentos de mayor dificultad, o cuando nos cuesta alcanzar una meta.

La IRA bien entendida, la que se usa desde la asertividad, sin dañar a otros, es básica para la supervivencia.

Te **reafirma** y te permite decir: AQUÍ ESTOY YO, ESTOS SON MIS LÍMITES

Conocer la forma de liberar la rabia de forma positiva, es importante y liberador.

Tenemos tendencia a reprimirla porque no queremos hacer daño, pero así, lo único que estamos haciendo es hacernos daño a nosotros mismos.

Al no expresarla, se va acumulando en el cuerpo y se somatiza. Surgen los dolores, las molestias, las enfermedades…

¿Piensas que "no tienes derecho" a manifestarla?

LO TIENES

Al "tragarte" esta emoción puedes correr el riesgo de caer en depresión, por lo que es sumamente importante, darle la mano cuando se presenta.

Hay muchas **formas de prestar ayuda a esa emoción**.

Puedes empezar hablando con alguien que estés enfadado, hacerle saber el porqué de tu enfado.

En caso de que sientas que eso no va a ser posible porque es mucho lo que llevas acumulado, puedes hacerlo FRENTE AL ESPEJO, o MEDIANTE UNA CARTA.

Haz como si la persona que ves en el espejo fuera esa persona y cuéntale. Las cartas funcionan muy bien, y no es necesario enviarlas.

Todo lo que sientes y piensas tiene una utilidad, un beneficio. Sácalo a la LUZ y crearás espacio para que entren en tu VIDA, personas y experiencias más positivas.

Darás paso al AMOR, donde antes había resentimiento.

Una vez hecho este ejercicio, llega la parte del PER-DÓN, y es con su práctica como, de verdad, te liberas.

Esta última parte es la más importante. HAZLO. Si no lo haces, el ejercicio ante el espejo será una afirmación negativa y no te sanará.

El **proceso creativo** es una forma natural de liberar emociones.

"No hay nada nuevo ni especial en relación a la rabia, nadie escapa a su experiencia. El secreto está en identificarla como lo que es y llevarla en una dirección más sana. Llena tu cuerpo de perdón y amor hacia ti. Con ello se descubren maravillosos cambios que mejoran la calidad de vida".

Louise Hay

Pregúntate qué quieres, qué te hace feliz.

CREA DENTRO DE TI UN ESPACIO NUEVO, LLENO DE ALEGRÍA, AMOR Y AGRADECIMIENTO.

AGRADECE

Si tienes que ser adicto a algo, sé adicto al AGRA-DECIMIENTO.

Agradecer es una de las formas más poderosas de sanar y lograr tus objetivos. Ser consciente de todo lo bueno que tienes hoy y ser capaz de dar gracias por todas y cada una de las dificultades por las que has pasado en la vida, te hará construir un puente que te hará pasar de un estado a otro, **darás un salto**.

Darte cuenta de que TODO LO QUE TE OCURRE ES POR ALGO, QUE ES UN VEHÍCULO NECESARIO PARA TU CRECIMIENTO, HARÁ QUE PUEDAS AGRADECER TODO CON MÁS FUERZA SI CABE, AUN HABIENDO SUFRIDO Y PASADO POR MUCHO DOLOR.

> *"Cuando acabes un largo tratamiento de salud, no pienses en el sufrimiento que fue necesario afrontar, sino en la bendición de Dios que permitió tu cura."*
>
> **Paulo Coelho**

Son muchos los beneficios que tiene la práctica diaria del AGRADECIMIENTO sincero.

Te cuento:

Adquieres MENTALIDAD POSITIVA y mejora tu experiencia vital.

Te vuelves PRÓSPERO Y ABUNDANTE.

AUMENTA TU AUTOESTIMA, porque al agradecer te sientes merecedor de todo lo bueno en tu vida.

Al aumentar tu autoestima, MEJORA LA RELACIÓN CONTIGO MISMO Y CON LOS DEMÁS.

DISMINUYE TU NIVEL DE ESTRÉS Y ANSIEDAD. Con ello será mucho más fácil decir adiós a tus adicciones.

Desde pequeños hemos aprendido a estar centrados en aquello que no tenemos, dejando de lado todo lo que ya tenemos.

Este hábito hace que nuestro nivel de vibración baje y dejemos de atraer cosas positivas a nuestra vida.

Como **todo hábito se puede cambiar**, y con ello PASAR A UN NIVEL SUPERIOR EN EL QUE TU VIDA MEJORARÁ OSTENSIBLEMENTE.

¿Sabías que cuando agradeces duermes mejor?

Así es, se produce una sensación de calma, conciencia tranquila, que hace duermas en paz y te levantes con energía y vitalidad.

El agradecimiento hace también que aumentes y fomentes tu RESILIENCIA, la capacidad de levantarte y seguir adelante después de las dificultades.

"El agradecimiento es una frecuencia vibratoria muy fuerte, una de las más elevadas. Va más allá de la educación, es algo profundo, es una postura ante el mundo. Una forma de vivir".

Louise Hay

VIVIR LA GRATITUD DE VERDAD, HARÁ QUE EL UNIVERSO ABRA TODAS LAS PUERTAS DE LA PROSPERIDAD Y LA ABUNDANCIA, PARA TI.

¿Lo quieres?

VE A POR ELLO.

HAZ EJERCICIO

"No se puede poner límite a nada. Cuanto más se sueña, más lejos se llega".

Michael Phelps

Cada persona necesita, según su personalidad, un tipo distinto de ejercicio y deporte.

¿Qué te gusta, correr, tenis, gimnasio, yoga, caminar...?

Elige el que mejor se adapte a ti y conviértelo en tu compañero.

Un poco todos los días, hará que se OXIGENEN tus células y tu cerebro, te aportará mayor CLARIDAD al tiempo que tu ENERGÍA la canalizarás de manera POSITIVA y adecuada.

Cuando amigos míos me dicen que sus hijos están entusiasmados con algún tipo de deporte, y que además lo están haciendo extensivo a la adolescencia, me lleno de alegría, pues **es una forma de mantenerlos alejados de otras cosas menos beneficiosas** y tan al alcance de todos en determinadas edades.

"Mens sana in corpore sano"

En mi caso, me hubiese gustado que lo hubieran fomentado más en casa.

El primer colegio en el que estuve era maravilloso en eso, tenía grandes instalaciones deportivas y veías el deporte como algo natural.

Con cinco años había empezado ballet, lo disfrutaba y me gustaba.

¿Qué ocurrió?

Me quitaron de las clases porque consideraban que podía afectar a mis estudios, y ¡Sacaba sobresalientes!

Cosas que pasan, no sé qué hubiera ocurrido de haber continuado con el ballet, si me hubieran permitido seguir al tiempo que estudiaba, si hubiera seguido en ese colegio.

Eso no lo puedo saber, lo que sí sé es que las expectativas de mis padres, esas que buscaban a una hija de "doce" cuando ya la tenían de "diez", resultaron ser muy frustrantes.

Vives con la sensación de que NUNCA LLEGAS, y la niña…

No puedo saber si hubiera empezado a beber si hubiese seguido entrenando, pero quizá las posibilidades se podrían haber reducido bastante.

Esto ahora son conjeturas, aun así, veo como los hijos de mis amigos **que practican algún tipo de deporte y están comprometidos con él de alguna manera, están alejados de muchas de las tentaciones que puedes encontrar fuera.**

A lo que voy, después de eso, mi relación con los deportes fue de refilón; me encantaban, pero los dejaba en seguida en pro de "algo más importante".

Me habían introyectado la creencia de que hacer deporte entorpecían el aprendizaje y dejaron de ser una prioridad. Los empezaba y los dejaba al poco tiempo, siempre había algo que impedía que los practicara.

Hoy, procuro buscar tiempo para caminar, subir escaleras, estirarme…Me sirve para canalizar mi energía, revitalizarme y hacer que mi cuerpo se sienta mejor y, por supuesto, también mi mente.

¡Cuántos BENEFICIOS trae consigo la práctica del ejercicio diario!

Generas ENDORFINAS por lo que te sientes mucho más animado y FELIZ. Mejoras tu humor y ves la VIDA de otra manera. Es fundamental para paliar los síntomas de la ansiedad y la depresión, que te pueden llevar a las adicciones.

Reduce la sensación de estrés y aumenta la AUTOESTIMA. Con ello te sientes en mayor disposición para tratar con los demás, por lo que tus RELACIONES SOCIALES mejoran ostensiblemente.

Está demostrado que mejora tu MEMORIA, por lo que es BENEFICIOSO para prevenir ciertas dolencias degenerativas.

Obtienes mayor CLARIDAD, te sientes más DESPIERTO y preparado para afrontar los obstáculos que salgan a tu paso día a día.

Hace que seas más PRODUCTIVO, el tiempo te cundirá más y estarás más preparado para alcanzar tus OBJETIVOS y lograr tus SUEÑOS.

"Sembrad enseguida la semilla de los buenos hábitos. Crecerá poco a poco"

Sivananda

Después de leer todo esto…

¿Qué excusa tienes?

CÁLZATE TUS ZAPATILLAS Y PONTE EN MARCHA

ENCONTRARÁS EL EQUILIBRIO

EMOCIÓNATE Y SORPRÉNDETE

¿Recuerdas cuándo eras niño y te emocionabas ante cualquier nuevo descubrimiento por pequeño que fuera?

¿Recuerdas la sensación que te producía y cómo te sentías?

Era genial, ¿verdad?

Te expandías, y te embargaba un sentimiento de felicidad por lo descubierto.

Vas creciendo y vas perdiendo tu capacidad de sorpresa. No quieres hacerlo, pero las "circunstancias te obligan a ello". Eres adulto y los adultos "no se emocionan ni sorprenden". Lo saben y conocen todo…

¿O no?

¿Qué te parece si dejas atrás esta actitud y la cambias?

IMAGINA que eres niño otra vez.

IMAGINA QUE VAS CAMINANDO POR LA CALLE, HA LLOVIDO Y SE HAN FORMADO CHARCOS EN EL SUELO, IMAGINA QUE TE PARAS DELANTE DE UNO Y VES TU REFLEJO.

¿Qué ves?

Así es, la cara de un niño con los ojos muy abiertos al verse reflejado en el agua por primera vez: "¡Mamá, mamá, mira!! ¡Soy yo!"

¿Lo recuerdas?

¿Recuerdas la ilusión tan grande que te produjo este hecho?

¿Por qué no recuperar esta ilusión?

"Si aprendemos a disfrutar de la vida, ahora es el momento, no mañana o el año que viene... El día de hoy debe ser siempre nuestro día más maravilloso".

Thomas Dreier

Se trata de dejar de ir en automático para sentir las pequeñas cosas que nos pasan a lo largo del día y EMOCIONARNOS con ellas.

Ir a la compra y encontrar un tipo de fruta que antes no había y te gusta, encontrar una moneda en el suelo, descubrir un rincón que no conocías, una piedra en forma de corazón; "ver" la lluvia, el sol, la luna, CON OJOS DE NIÑO, con los ojos de estar descubriendo algo nuevo constantemente y la CURIOSIDAD de seguir haciéndolo.

El ENTUSIASMO es algo que se contagia, te llena de energía y llena de energía a los que tienes a tu alrededor.

¿Te has dado cuenta de lo jóvenes que parecen las personas que disfrutan de la vida y se entusiasman?

¿Conoces a alguna persona mayor que reúna estas características?

Son joviales y vitales, se sorprenden continuamente y están en continuo aprendizaje y crecimiento.

En mi familia, tengo un ejemplo de esto que digo: MI QUERIDO HERMANO. Tiene ochenta y tantos años y sigue disfrutando como un niño, nadie diría que tiene esa edad, parece tener veinte años menos.

Ha pasado por muchas dificultades y aun así no ha perdido la capacidad de VIVIR, DISFRUTAR y REÍR.

Esto le permite seguir CREANDO, su imaginación está en continuo movimiento y lo transmite a su trabajo, y a su VIDA. **Tenerlo al lado es maravilloso, su vida ha sido apasionante y lo sigue siendo.**

Así quiero llegar a esa edad, **con mi niña interior con las mismas ganas de salir a jugar**.

¿Y tú?

SAL A JUGAR

FOMENTA LA CREATIVIDAD

Dedico un capítulo aparte a este tema, pero aun así me gustaría dar algunas pinceladas.

Siempre me he preguntado por qué tanto empeño por parte de los colegios, en que los niños pinten de forma perfecta, sin salirse de los márgenes, eligiendo los colores "correctos", manteniendo el orden y la limpieza.

¿De verdad eso es incentivar la creatividad en un niño?

CREAR es algo que viene de dentro, y mucho más de un ALMA clara como la de un niño. Es algo innato, una forma de expresión del cómo ven las cosas.

Recuerdo esas clases en las que había que dibujar perfecto, además de copiar perfecto, todo perfecto…

Una frustración en toda regla, la forma más fácil de cortar de raíz cualquier manifestación artística que en un niño pueda haber. Y no hablo sólo a nivel plástico, sino a todos los niveles, haciéndolo extensivo a la vida adulta…

Todo perfecto, porque si no…**te suspenden en la asignatura de la VIDA.**

Resultado: Un **niño interior herido** dentro de un adulto

reprimido.

Una forma que **me ayudó a darme permiso** "para salirme de los márgenes", es algo que hicimos en una de las clases de pintura a las que asistí.

Nos hicieron dibujar y pintar con la mano no dominante. No entendíamos el porqué, aun así, lo hicimos y,

¡SORPRESA!

Los dibujos eran mucho más NATURALES y CREATIVOS, el trazo más bonito. Tendrías que ver las caras que poníamos al verlos. El emoticono de los ojos abiertos multiplicado por diez.

Pues bien, este es un ejercicio que puedes hacer con tu niño interior, los dos juntos. Dibujar con la mano, en mi caso, izquierda, siendo consciente de ser el niño quien lo hace, y ver qué sale.

Es importante conocer las técnicas, conocer las reglas, pero tan importante o más es "romperlas". No como acto de rebeldía –ésta viene dada cuando te sientes muy coartado o frustrado-; sino **como acto de FE, como acto de CONFIANZA en ti y en tu forma de hacer las cosas**.

Muchas veces, las personas que, como yo, nos vimos en algún momento metidas en la rueda de la adicción, necesitábamos evadirnos de tanta perfección, de tanta norma y tanta regla.

Habíamos perdido, había perdido la FE en mí misma y mis capacidades. Necesitaba ser perfecta para complacer. No me daba cuenta de que LA PERFECCIÓN NO EXISTE, es solo fruto de nuestra imaginación, lo que hace que jamás lleguemos al objetivo marcado.

El ARTE puede sanar, y tu niño lo necesita ardientemente.

¿Qué te gustaría hacer?

Hazlo, y por favor, date permiso.

SAL DE LA LÍNEA DE PUNTOS

TU NIÑO INTERIOR TE LO AGRADECERÁ.

REDUCE EL CONSUMO DE APARATOS ELECTRÓNICOS

Vivimos inmersos en un mundo en el que la tecnología se puede apoderar de nosotros si no estamos atentos.

Las imágenes externas son continuas y la información también. Nunca antes había ido todo tan deprisa. Hoy es válida una imagen, una información, y mañana ya no.

Al final, si no tienes cuidado **se puede convertir en una forma de evasión parecida a cualquier adicción**, una forma de esconderte tras una pantalla para no hacer frente a tu realidad y vivir tu vida a través de la vida de los demás.

Hoy, es una de las adicciones que más están proliferando, y es necesario tener cuidado.

Todos estos aparatos son muy positivos y nos pueden hacer la vida más fácil, si se manejan bien. Como sabes, un cuchillo puede servir para muchas cosas, depende del uso que se le dé.

¿Cuántas veces te has encontrado con situaciones en la que todas las personas de una mesa están mirando el móvil y no se comunican entre ellas? Esto está ocurriendo entre las generaciones más jóvenes, pero también entre personas de mi generación.

Es **una forma de desconexión, de no afrontar la realidad**, de formar parte de un universo paralelo al que no perteneces, por lo que no eres RESPONSABLE.

¿O sí lo eres?

A la televisión se la llama la "caja tonta", y con razón porque si algo hace es atontar. Te atrapa y hace que puedas estar delante de ellas durante horas, sin haber aprendido absolutamente nada.

Una forma de evasión que hoy se está trasladando a todos los dispositivos electrónicos que tenemos al alcance.

Atonta, apaga la CREATIVIDAD, merma la capacidad para socializar, y lo más importante, tu cerebro está recibiendo continuamente *inputs* de forma gratuita, y la mayor parte de ellos poco buenos.

Eso que parece una tontería, no lo es en absoluto, tu cerebro es como una esponja, el de un **niño** aún más. Si recibe continuamente información poco grata o poco valiosa, esa se quedará grabada en el cerebro y éste **lo tomará como verdad y como creencia.**

Hace mucho tiempo decidí ver poco o nada la televisión y ¡mucho menos las noticias! Es un servicio de sucesos que puede darte el día, y hacer que tu ENERGÍA baje.

Tu energía es valiosa, debes cuidarla y mimarla para que tu niño esté tranquilo y alegre.

¡Qué necesidad hay de ver y oír tantas desgracias! Al final tu cerebro lo recibe como algo normal y tu alma se entristece.

No se trata de inhibirse de lo que pasa en el mundo, sino de crear tu propio estado mental, de mantener tu VIBRACIÓN ALTA y, cuando recibes tanta información negativa, esto no es posible.

AQUELLO EN LO QUE TE CONCENTRAS, SE EXPANDE.

¿Por qué centrarte en lo malo cuando puedes centrarte en lo bueno y atraer más de eso a tu vida?

Esto lo hago extensivo también a las personas que se empeñan en hacerte ver el lado poco bueno de las cosas que nos pasan. Aprendí a meterme de lleno en ese tipo de conversaciones además de hacerme protagonista.

Eran conversaciones normales para mí, todo negativo y, así estaba, enfadada todo el día, con la energía baja, bebiendo…

Una forma de mantener a **tu niño interior alegre**, es DECIRLE COSAS ALEGRES, POSITIVAS, SI SON CRÍTICAS QUE SEAN CONSTRUCTIVAS, HACERLE VER EL LADO BELLO DE LAS COSAS.

Verás como la ansiedad se reduce, la compulsión baja y tu alma y tu mente se van volviendo cada vez más permeables, más flexibles y más creativas.

No sé a ti, pero a mí me enseñaron a ver el lado poco bueno de casi todo, tuve que desaprender e **ir dando pasos en una nueva dirección mucho más constructiva y luminosa.**

TE INVITO A HACERLO Y, SI TIENES NIÑOS, A ENSE-
ÑARLES A HACERLO TAMBIÉN.

AMBOS LO AGRADECERÉIS.

AUMENTA LA VIBRACIÓN

Casi todo lo que he hablado en los puntos anteriores sirve para aumentar la vibración.

VIBRAR ALTO hará que seas capaz de atraer hacia ti todo lo que deseas y te sientas mucho mejor para cambiar los hábitos que quieras cambiar.

¿Puedes recordar esos momentos en los que piensas que puedes comerte el mundo, que eres capaz de lograr cualquier cosa?

Te sientes liviano, flexible y libre.

¿Recuerdas que este era tu estado natural cuando eras pequeño?

Tus alas estaban extendidas y podías volar…

¿Por qué no seguir sintiéndote así hoy en todo momento?

Es una sensación maravillosa.

PUEDES TENERLO.

Sólo has de aprender y hacer tuyos ciertos hábitos y llevarlos a la práctica.

Es normal que a veces notes tu energía más baja, que

sientas que no eres capaz, que te apetezca meterte en la cama y ya...

Cuando esto aparezca, **se compasivo contigo**, permítete sentirte así, **agradece** lo que esa sensación ha venido a decirte y ponte manos a la obra con lo que te voy a decir para **volver a subir la energía y aumentar la vibración**.

Al aumentar la vibración, te empoderas y puedes tomar mejores decisiones, ser más asertivo...

Ante todo, es bueno que aprendas **a reconocer qué o quiénes te están bajando la energía** y, si en la medida de lo posible, puedes mantenerte alejado de ello, sobre todo mientras estás aprendiendo a hacerlo.

Al final, **el único responsable eres tú, y tú eres quien debe tomar las decisiones**.

A parte de todas las formas anteriores que te he dado para subir la vibración y por ende la autoestima, es el **sentido del humor**.

REÍR, Y APRENDER A REÍRTE DE TI MISMO ES UNA DE LAS FORMAS MÁS TERAPÉUTICAS Y SANAS QUE CONOZCO.

Si no estás acostumbrado es probable que al principio te cueste, ríete de todas formas, al principio puede parecer extraño, no importa.

Ríete hasta que te salga natural.

La risa hace que nuestro cerebro envíe impulsos eléctricos que "volatiliza" la energía negativa casi de inmediato.

NO ES POSIBLE REÍRTE Y ESTAR DEPRIMIDO A LA VEZ. UNA VEZ EMPIEZAS A REÍRTE, LA TRISTEZA DESAPARECE.

Esto es algo que ya decía Freud, y después se ha podido comprobar científicamente.

La RISA está localizada en la parte del cerebro donde reside la CREATIVIDAD.

Reírse a carcajadas tiene muchos beneficios tanto físicos como psicológicos; entre los físicos está su **capacidad para reducir el insomnio.**

Esto es muy interesante pues, cuando duermes bien, te sientes más descansado aumentando tu capacidad para sentirte mejor y seguir generando endorfinas.

Al final **es una especie de círculo mágico que te lleva a sentirte bien de manera continuada.**

Otro de los beneficios de la risa es la **mejora de la respiración**.

¿Recuerdas lo que te hablaba de ella, de su importancia para sentirte mejor y que tu cuerpo y tu mente estén bien oxigenados?

La risa permite que se abra el diafragma para que el aire pueda pasar mejor, fortaleciendo los pulmones y el corazón.

En cuanto a los **beneficios psicológicos**, además de aumentar la autoestima y eliminar el estrés, también ayuda a mejorar la comunicación entre las personas.

Si eres tímido, reír, puede facilitar el ACERCAMIENTO, aumentando la CONFIANZA.

Te ayuda también a **descargar tensiones y a desarrollar la creatividad y la imaginación**.

¿Quién da más?

¿A QUÉ TE ESTÁ APETECIENDO EMPEZAR A REÍR Y NO PARAR?

HAZ AQUELLO QUE TE HAGA FELIZ

"Encuentra aquello que amas, dedícate a ello, y jamás tendrás que trabajar".

Confucio

¿Has oído la frase "estar en tu elemento"?

Más o menos es esto, cuando haces aquello que te hace feliz te sientes como pez en el agua, no te pesa, fluyes y te mueves en equilibrio y armonía con el Universo.

¿Lo crees?

Viniste a este mundo con unos talentos que utilizabas de manera natural, los disfrutabas y fluías con ellos. Te sentías feliz y lo manifestabas.

Poco a poco, te fueron cortando las alas hasta adaptarte a lo que los demás pensaban era mejor para ti. Te metieron en una caja en la que todo estaba bien establecido y empezaste a dejar que decidieran por ti.

Los TALENTOS, aun viniendo de nacimiento, son como un músculo que hay que ejercitar para que se desarrollen altos y fuertes. Necesitan de práctica para desarrollar todo su potencial, si no, como el músculo, se va acortando y atrofiando.

La buena noticia es que se puede recuperar.

Tus talentos han estado hibernando y ahora les toca desperezarse, alimentarse y despertar.

Cuando los talentos están dormidos, el adulto también lo está y el niño se siente frustrado porque no puede jugar con todos los juguetes que le prestaron allí arriba. Llegó con una habitación de juegos llena y poco a poco, se fue quedando vacía.

El niño necesita jugar, el tuyo también.

¿Has hablado con él? ¿Le has preguntado qué le gustaría hacer?

También puedes preguntarle qué era aquello con lo que más se divertía de pequeño, qué era aquello con lo que se sentía "como pez en el agua".

A lo mejor tarda un poco en contestarte.

Sube al desván, saca todos los juguetes que tengas y empieza a practicar.

Enséñaselos de uno en uno, sabrás la respuesta.

Puedes coger una pelota e irte al campo a darle patadas, puedes salir a correr, puedes coger un muñeco de peluche y sentarlo en tu regazo mientras le hablas, puedes dibujar, escribir, hacer maquetas, inventar, cocinar…

Visualízate en tu casa, con todos esos juguetes y recuerda, **¿qué te gustaba hacer?**

A lo mejor te gustaba jugar a las cocinas, inventarte platos ricos para tus muñecos; o te gustaba escuchar música y tocar la guitarra.

Date permiso, dale permiso para volver a hacerlo.

Entra en la cocina e inventa una receta, abre el armario y dite: "¡Con esto voy a hacer un plato riquísimo!".

O bien, busca esa vieja guitarra o compra una, ponte a tocar como si tuvieras cinco años otra vez. Puede que ya no te guste tanto como antes, no importa.

Sigue probando juguetes hasta que des con el que verdaderamente te sientes feliz.

Curiosamente, "mi juguete", el que había borrado casi por completo de mi memoria, era escribir.

Me siento en PAZ cuando lo hago, **es una forma de canalizar mis sentimientos, mi energía y además sé que lo estoy haciendo por el bien común, lo que hace que sea mucho más reconfortante.**

Hace unos meses me topé por casualidad, de esas que no existen, con poesías que había escrito hacía muchos años, con escritos que hacía cuando era pequeña, pensamientos…

En ese momento, ya había empezado a escribir para ti, este es mi tercer libro, lo que **fue doblemente mágico**, una señal del Universo que me decía iba por buen camino.

Por primera vez me siento plena, y eso es lo que quiero para ti.

Que llenes el vacío que sientes haciendo lo que te gusta, lo que amas, aquello para lo que has venido a esta experiencia material, y lo paradójico es que llegará un momento que no necesitarás llenar nada porque ya lo estás, **lleno de amor por ti, por todas y cada una de tus partes.**

Encuentra el tuyo.

¿Hay algo más reconfortante que hacer algo que amas y además calma tu espíritu?

VOLVERÁS A SENTIRTE COMO UN NIÑO.

VE A POR ELLO

SE CONTAGIA, PÁSALA

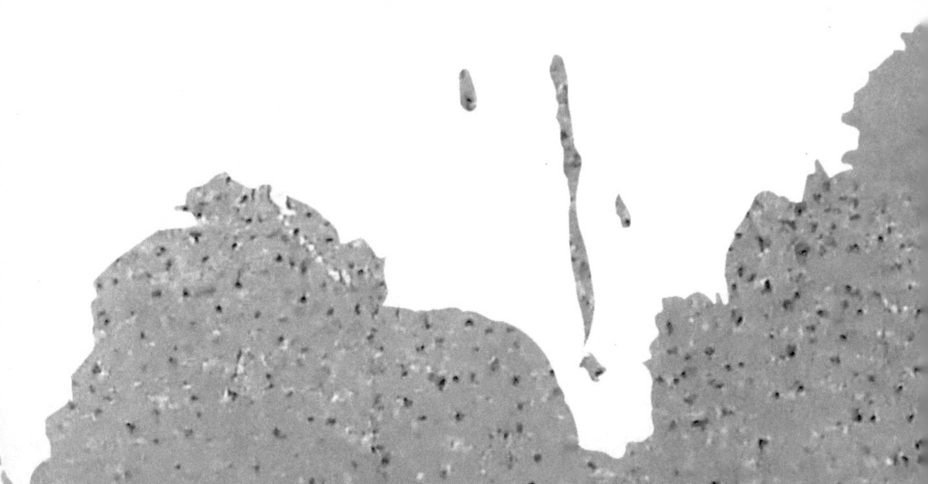

CREATIVIDAD

"La creatividad, el arte, es una transacción espiritual"

Julia Cameron.

La **creatividad** viene de un lugar más grande que nosotros mismos, viene del fondo de nuestro CORAZÓN de nuestra ALMA.

Es algo que, cuando aparece, **llena todo tu ser y hace puedas expresarte con fluidez, sin miedo ni ataduras.**

La creatividad está presente en todos y cada uno de nosotros, el error que a veces cometemos, es pensar que sólo son creativos los artistas.

Puede estar presente y de hecho lo está, en una forma distinta de elaborar un informe, en la manera en que das solución a una dificultad, en como resuelves un problema matemático, en una forma diferente de operar o tratar a un paciente.

Está, al igual que la BELLEZA, presente en todo lo que nos rodea y en todo lo que hacemos, solo que no todos la ven, y no todos la practican.

Una idea, un pensamiento, es creatividad llevada a la acción.

Eres un canal, a través de él, el Universo transmite toda su sabiduría, por lo que es importante tenerlo limpio y sano para que pueda fluir la información de una manera más directa y clara.

Una vez leí que el ser humano es creativo por naturaleza, pero también viene equipado para resistirse a ella.

La CREATIVIDAD es nuestra herramienta de serie, lo que ocurre es que esta herramienta se va oxidando y deteriorando a medida que vamos cediendo el paso a la razón, sobre todo a la razón de los demás.

¿Cuántas veces te has sentido coartado cuándo eras niño? ¿Cuántas veces te han dicho, esto no se hace así, se hace de esta otra manera? ¿Y cuántas, ¡no manches!, ¡no te manches!...¡Vamos rápido que nos tenemos que ir...¡?

Al final, acabas resistiéndote a ella.

LA PRÓXIMA VEZ QUE TE RESISTAS, LEVÁNTANTE Y VE EN BUSCA DE TUS SUEÑOS. ELLOS NO SON NEGOCIABLES.

"La creatividad es contagiosa. Pásala".

Albert Einstein

Uno de los enemigos más fuertes que tiene la creatividad en los niños es el TIEMPO.

Cuando eres niño tienes una gran capacidad para quedar absorto en algo que te gusta, en **permanecer disfrutando de un hecho concreto, de una acción concreta.**

La mayor parte de las veces, cuando el niño está en pleno estado de creación, se le interrumpe para realizar otras tareas "más importantes", para el adulto, claro está.

Aprendes que eso que estás haciendo es de menor importancia que todo lo demás, y te vas bloqueando.

La COMPETITIVIDAD es otro enemigo que acecha a las puertas de la creatividad. Desde que eres pequeño, te instruyen, no para Ser tú mismo, sino para ser mejor que los demás, para llegar el primero en la carrera de la vida.

Recuerdo, cuando era pequeña, nos mandaron hacer un mantel a punto de cruz, las que seáis de mi generación más o menos, casi seguro habréis tenido que hacer alguna labor de este tipo.

El mantel quedó perfecto, por detrás y por delante, casi podía ser reversible.

Eso sí, lo hice con tal tensión para que así fuera, que mi espalda me estuvo doliendo toda una semana, además de disfrutar bien poco el camino. Mi motivación era llegar la primera, terminar la primera el mantel, ganar la carrera. No me importaba el proceso y lo que podría aportarme, sólo quería ganar.

¿Lo conseguí?

SI

¿Me sirvió de algo a nivel personal?

No

Una medalla ficticia que poco aportaba porque no disfruté lo que estaba haciendo.

Mi OBJETIVO era la perfección, hacerlo exacto, que no se saliera ni un ápice de la línea marcada y llegar la primera. CREATIVIDAD cero.

Mi MOTIVACIÓN, el reconocimiento externo que, al ser externo duró poco, y al no ser como esperaba, me frustró.

Todo esto está muy bien, Nadal, uno de los deportistas que más me gustan tanto como persona como por su fuerza mental, y su juego, quiere ser el primero y quiere hacerlo cada vez mejor.

Lo que hace que esto se mantenga después de tantos años, no es el perfeccionismo ni la competitividad, sino **el compromiso que tiene consigo mismo y con su juego, el suyo, no el de otros, el suyo propio, el que sale de sí, su creatividad**.

No busca el reconocimiento externo, este viene por añaduría, por su AUTENTICIDAD.

Otro enemigo es la **crítica destructiva** y el **perfeccionismo**, esa que te aporta poco y te frustra mucho. Esas veces en las que el **niño** llega a casa feliz con un dibujo, y recibe como respuesta un: *"Está bien, pero…y si… no te parece que…¿El cielo rosa? ¡El cielo es azul!. La próxima vez intenta no salirte del margen"*.

Eso es lo que aprendes y eso es lo que trasladas a todas las facetas de tu vida, no salirte del margen.

Quieres hacerlo todo "perfecto", medido y estudiado, **para ser aceptado, y tu niño interior cada vez más escondido, más reprimido y su CREATIVIDAD… adiós creatividad.**

¡A hibernar!

Tampoco es bueno decirle al niño siempre qué bonito, qué bien dibujas, qué maravilla; si esto lo haces así, el niño sabrá que algo falla, pues no puede estar siempre bien, y dejará de confiar.

CUANDO SE HACE UNA CRÍTICA, ES IMPORTANTE QUE SEA CONSTRUCTIVA, QUE ANIME AL NIÑO A AVANZAR, A CONTINUAR Y, AL MISMO TIEMPO SE SIENTA SATISFECHO POR EL ESFUERZO REALIZADO, SENTIR UNAS PALABRAS DE ALIENTO QUE LO IMPULSEN HACIA DELANTE.

Para que la creatividad pueda expresarse en todo su esplendor es necesario que el niño se sea y se sienta libre de acción, que se le deje espacio para DESPLEGAR LAS ALAS, si no…las pliega y olvida que puede volar.

Es importante **fomentar las habilidades y talentos naturales del niño para que pueda desarrollarse en armonía con el UNIVERSO y sea capaz de saber, desde el inicio, cuál es su PROPÓSITO DE VIDA**

Me gustaría contar una historia que, a los que seáis padres, os sorprenderá y probablemente haga saltar todas las alarmas.

¡Cómo voy a hacer eso!

Te cuento.

La historia es la siguiente:

El hijo de una familia americana, era muy creativo, y ésta la enfocaba sobre todo en las películas.

De cualquier situación ideaba una historia y sentía la necesidad de llevarla a la acción. Sus padres, siendo conscientes de esta habilidad, no le coartaron, sino todo lo contrario.

En una ocasión, este niño quiso hacer una película "gore" en la que la sangre brotaba por todas partes.

Su madre, ¡SU MADRE!, fue a comprar unos botes de salsa de tomate, los puso a calentar hasta hacerlos un engrudo y permitió que su hijo, los esparciera por toda la cocina, al tiempo que filmaba con la cámara que su padre le había comprado.

¿Sabes quién es este niño?

¡STEVEN SPIELBERG!

No sabemos qué hubiera ocurrido si sus padres hubieran actuado de otra manera, si hubiera podido dedicarse a su propósito de vida de manera tan magistral, haciendo felices a tantas personas.

Lo que es seguro, **es que el que sus padres le permitieran crear y desarrollar su talento, extendiendo sus ALAS al máximo, hizo que su camino fuera inmensamente más fácil.**

Tuvo otras dificultades, pero esta no. Su niño interior, estaba libre de represión y ataduras, y **pudo volar**.

"Tenemos mucho tiempo por delante para crear los sueños que aún ni siquiera imaginamos soñar"

Steven Spielberg

Cuando tu **niño interior** se siente atrapado, reprimido y no puede hacer aquello para lo que ha venido a este mundo, se siente frustrado, deprimido, siente un vacío poco fácil de llenar y busca fuera todo lo que ya tiene dentro.

Puede beber en exceso, comer, comprar…todo lo que le haga sentirse pleno por un momento, sólo que esta sensación, se pasa rápido y cada vez necesita más, y más, llegando a la adicción.

Igual puede ocurrir, si un niño se ve **presionado**, también lo dejará. Muchas veces los padres, con la mejor intención, quieren que su hijo desarrolle un talento que tiene o, a veces, que ellos mismos tienen, pero reprimido, y quieren hacerlo realidad a través de sus hijos. **Cuanto mayor sea la presión, menor la motivación y las ganas de "jugar".**

Se sentirá frustrado y utilizado, corriendo un riesgo importante también de caer en dependencia o adicción, para paliar la tensión.

¿Te has sentido así alguna vez?

Una vez leí una historia que me pareció GENIAL.

Unos padres querían que su hija pintara, veían talento en ella, pero algo les decía que, si la obligaban, obtendrían el efecto contrario.

Idearon lo siguiente.

Compraron un gran caballete, muchos lienzos, pinceles, pinturas, papeles, colores, un largo etcétera y lo pusieron en un rincón del salón.

Cuando la niña lo vio, preguntó, y le dijeron que era para cuando fuera a visitarles su primo mayor; pintaba muy bien y les gustaba verlo en acción.

La niña, todos los días, después del cole, se acercaba a ese rincón de creatividad y abría los tubos de pintura, las cajas de pinceles, hacía garabatos y más garabatos.

Los padres la dejaban a su aire, hasta que un día, la niña, viendo que sólo hacía garabatos pidió si su primo podía venir a pintar con ella para hacer alguna cosa más.

Le dijeron que bueno, sí. Su primo había dado clases y había aprendido todas las técnicas para después poder aplicarlas en su pintura.

Esta idea se clavó en la cabecita de la niña y a los pocos días pidió recibir clases ella también.

¡No te parece genial!

En ningún momento la presionaron, en ningún momento le dijeron lo que tenía que hacer. Pusieron delante de sus ojos todas las herramientas y dejaron que fuera ella quien se acercara a ellas. Despacio, despertando su CURIOSIDAD.

Walt Disney puso en marcha un dispositivo para fomentar la CREATIVIDAD en el trabajo.

La idea era **mantener al niño despierto y activo de forma que las ideas fluyeran más y más para después llevarlas a la acción.** Este dispositivo es "El Rincón para Soñar.

Inspirador, ¿verdad?

Lo creó para que las personas que trabajaban para él, pudieran retirarse a este "rincón" para pensar, idear y crear, dando rienda suelta a la INTUICIÓN y la IMAGINACIÓN.

Como dice Elsa Punset: "*Este rincón lo hemos usado siempre, está en nosotros, pero o no lo sabíamos o no lo hemos sabido usar*".

Es esa parte de ti, en la que **te conectas con tu alma, con tu poder interior, con un poder superior, que hace puedas dejar de lado tu ego y la razón, para jugar**.

Dejas de lado la parte realista y la crítica destructiva para permitirte soñar e idear.

La CREATIVIDAD es como un músculo, hay que ejercitarla para llevarla a su máxima expresión, cuanto más la trabajas más facilidad tienes y viceversa. **Es la forma que permite que los sueños no se queden ahí, sino que se materialicen y vean la LUZ.**

¿Cuál puede ser ese "rincón de soñar" para ti?

Puede ser tu momento de meditación, un paseo por el campo, en la ducha…

A mí a veces me vienen muchas ideas en la ducha. Más de una vez, me he visto saliendo de ella y escribiendo lo que se me acababa de ocurrir.

¡No te rías!

O SÍ, HAZLO. ACTIVARÁS TU CREATIVIDAD

Por experiencia sé que, si no se escribe, si no materializas de alguna manera esa idea, aunque sea de momento en un papel, se desvanece.

Esa idea es la base, después has de llevarla a la práctica.

En el primer libro de esta trilogía, *Tu Lienzo en Blanco*, si no lo has leído te animo a ello, te cuento cómo, para crear es necesario que te interese algo, y ese interés viene dado por la CURIOSIDAD.

Bendita curiosidad que hace te hagas preguntas y quieras mejorar las cosas y buscar nuevas alternativas.

Entre algunas de las herramientas que tienes a tu disposición para desarrollar la creatividad está la Fe, **FE EN TU CREATIVIDAD.**

Como dijo Phil Knight, el fundador de Nike:

> *"Ten fe en ti mismo, pero también ten fe en la fe. No como la definan los demás, sino como la defines tú. En tu corazón"*

La fe en tu creatividad te aportará una fuerza tan grande que sorprenderá a todos los que te rodean, incluso a ti mismo.

SABER QUE ES ALGO QUE YA ESTÁ EN TI, QUE NO HAS DE BUSCARLO FUERA Y QUE SIEMPRE ESTÁ DISPONIBLE PARA TI, HARÁ BRILLAR A TU NIÑO IN-TERIOR, Y POR ENDE A TI.

"La fe es la sustancia de lo que se espera, la prueba de lo que no se ve"

San Pablo en su Epístola a los Hebreos

Uno de los recursos que tenemos a nuestra disposición para poner en práctica la creatividad, es la INTUICIÓN.

Aparece como un **chispazo del alma**, como una corazonada y hay que hacerle caso de inmediato, es una conexión directa con el Universo.

Otro recurso importante es la VOLUNTAD, aquello que te ayuda a impulsarte, a llevar a cabo tus objetivos, a levantarte cuando te caes, a volver a empezar cuando te equivocas; otro es el GOZO, el puro disfrute del camino.

También hay que tener en cuenta, el VALOR. Romper las barreras de tu mente, atravesarlas cuando ésta te dice que la idea que tienes es demasiado grande, demasiado pequeña, o que no lo lograrás Te ayuda a correr los riesgos necesarios para aventurarte, ponerte en marcha y pasar a la acción.

Y, por último, la COMPASIÓN, hacia los demás y hacia ti mismo, la forma en que valoras los esfuerzos y no usas la crítica destructiva cuando se producen errores.

"El espíritu creativo es más que una iluminación ocasional o un suceso caprichoso. Cuando se despierta, el espíritu creativo anima un estilo de ser: una vida llena del deseo de innovar, de explorar nuevas formas de hacer las cosas de convertir los sueños en realidad"

Daniel Goleman

En cuanto a la ansiedad, cuando aparece, ¿por qué no usarla a tu favor? **Puede ser tu aliada si la usas bien.**

En mi caso, ha desaparecido casi por completo, pero, cuando aparece, me pongo a escribir y se disipa.

Uso el "movimiento" que me produce la ansiedad para crear, y este hecho, esa toma de acción, se convierte en un bálsamo.

Todos los artistas, por muchos años que lleven dedicándose a ello, sufren de ansiedad y miedo antes de enfrentarse al LIENZO EN BLANCO.

La diferencia está en vencer estos miedos, coger el pincel, el lápiz, y ponerte en acción.

Durante mucho tiempo, la ansiedad fue mi enemiga. En el momento que me sentía un poco nerviosa o inquieta, me preocupaba y sentía que podía volver a caer, intentaba estar tranquila todo el tiempo, casi no sentir.

Esto fue un proceso por el que tuve que pasar para lograr sanar de mis adicciones, pero es importante saber que no te puedes quedar ahí porque puedes caer en la sensación de estar "muerta en vida".

Mi vida me parecía plana, era algo buscado por mí y muy necesario en ese momento. Me aterrorizaba la sensación de perder el control y pensaba que, si me sentía nerviosa, podía llegar a pasar.

Una vez fui consciente de ello, empecé a tomar esos momentos en los que el estado de ánimo se altera, como mis amigos. **Los acepto y agradezco su presencia porque sé que están ahí por alguna razón, están ahí para ayudarme.**

Aún no sabía para qué, hasta que comencé a crear otra vez.

LA CREACIÓN SE PUEDE CONVERTIR EN UN BÁLSAMO, ESOS MOMENTOS EN LOS QUE FLUYES, EN LOS QUE TÚ ERES UNO CON EL UNIVERSO Y TODO PASA A TRAVÉS DE TI COMO POR ARTE DE MAGIA, SON MARAVILLOSOS.

Es ese momento en el que te encuentras en **tu momento energético más alto, te desinhibes, y puede darse en cualquier faceta de tu vida**: haciendo una tortilla, dando un masaje, jugando al parchís, escribiendo un libro, o pintando un cuadro.

Casi todas las personas que conozco que practican la CREATIVIDAD como medio de vida, como forma de expresión y comunicación, dicen que en el momento en que dejen de sentir cierto temor, cierta ansiedad, esa que te impulsa a mejorar y hacer las cosas bien (siempre que no sea patológica) antes de empezar un nuevo proyecto, lo dejarán, porque ese proceso habrá llegado a su fin.

Cuando la ansiedad surge estás pensando en el futuro, en qué pasará, ¿lo haré bien? ¿Estaré preparado? ¿Me saldrá bien…seré capaz?

Una vez superas estas barreras, te centras en el presente, y pasas a la acción, la ansiedad desaparece. No tiene cabida en el aquí y ahora, es ahí cuando, **tu mente entra en el estado zen de no-mente, tu momento en blanco, en el que el siguiente paso es fluir.**

DA UN SALTO DE FE Y ENCONTRARÁS LA PAZ.

Cuando surja ese momento en el que te apetecería tomarte una cerveza o fumarte un cigarro, CREA. **Te sentirás mejor, además de estar dando un paso más en beneficio tuyo y la humanidad.**

Te contaba que uno de las herramientas de la creatividad es la INTUICIÓN, *"mirar hacia dentro, contemplar"*.

Según el diccionario: *"Conocimiento, comprensión o percepción inmediata de algo, sin la intervención de la razón"*.

> *"Un ingrediente básico de la creatividad es la capacidad de tomar decisiones intuitivas y llevarlas a la práctica."*

La **intuición** es el lenguaje del ALMA, ese pellizco, esa sensación, ese susurro que te dice si estás en el buen camino o no, si una persona puede ser de fiar o no, si debes comer algo o no…o si mejor vas por un camino o por otro.

Desde pequeña lo tengo muy desarrollado, si bien es cierto que, durante un tiempo prolongado de mi vida, hice caso omiso de él, siempre me acompañó, y me acompaña.

Las veces que no he hecho caso a lo que mi intuición me decía, me he arrepentido después.

Son señales del Universo, haz caso de ellas.

Si es verdad que, en los momentos más descalabrados

de mi vida, el ruido mental en el que estaba inmersa hacía poco fácil escuchar esas voces. **Hoy, forman parte de mí, y por supuesto sigo sus pasos.**

Es una cuestión de CONFIANZA, en ti mismo y en el Universo, de que todo está ahí para ti, que **eres valioso**.

TODO ES PERFECTO TAL CUAL ES.

Al guiarte por tu intuición, estarás actuando en consonancia con tu ESENCIA, con tus VALORES, con tu forma de entender el mundo y la VIDA.

Actuarás con HONESTIDAD y te sentirás mucho mejor, aumentando la autoestima y confianza en ti.

¿Lo crees?

VE A POR ELLO.

NO TE RINDAS

Antes de terminar, me gustaría compartir contigo este poema de Mario Benedetti.

Una llamada a SEGUIR ADELANTE, a mantener la FE y la CONFIANZA en que no estás solo, sino que hay algo mucho más grande que tú, a tu lado, que te guía y te protege.

Eres VALIOSO por el simple hecho de SER.

ÁMATE, QUIÉRETE

TE AMO, ME AMO
NOS AMO

No te rindas, aún estás a tiempo
de alcanzar y comenzar de nuevo,
aceptar tus sombras, enterrar tus miedos,
liberar el lastre, retomar el vuelo.
No te rindas que la vida es eso,
continuar el viaje,
perseguir tus sueños,
destrabar el tiempo,
correr los escombros y destapar el cielo.
No te rindas, por favor no cedas,
aunque el frio queme,
aunque el miedo muerda,
aunque el sol se esconda y se calle el viento,
aún hay fuego en tu alma,
aún hay vida en tus sueños,
porque la vida es tuya y tuyo también el deseo,
porque lo has querido y porque te quiero.
Porque existe el vino y el amor, es cierto,
porque no hay heridas que no cure el tiempo,
abrir las puertas quitar los cerrojos,
abandonar las murallas que te protegieron.
Vivir la vida y aceptar el reto,
recuperar la risa, ensayar el canto,
bajar la guardia y extender las manos,

desplegar las alas e intentar de nuevo,
celebrar la vida y retomar los cielos,
No te rindas por favor no cedas,
aunque el frio queme,
aunque el miedo muerda,
aunque el sol se ponga y se calle el viento,
aún hay fuego en tu alma,
aún hay vida en tus sueños,
porque cada día es un comienzo,
porque ésta es la hora y el mejor momento,
porque no estás sola,
porque yo te quiero.

Mario Benedetti

EPÍLOGO

Ahora sí, querido lector. Hemos llegado al final de este apasionante viaje, un final que solo puede ser el principio, tu PRINCIPIO.

Darte la ENHORABUENA por haber llegado hasta aquí, por haber sanado tus heridas, o al menos QUERER y estar en el camino.

Es mucho lo que he aprendido en el trayecto, mucho lo que siento que DOY y mucho más lo que estoy RECIBIENDO.

DAR y RECIBIR es, al igual que el ARTE, una transacción espiritual, un fluir con el Universo que se transmite de ALMA a ALMA.

He abierto mi corazón, he puesto a tu servicio mis heridas. Las he rescatado del desván, las he sacado a la LUZ para reconocerlas, y así poder abrazarlas, embellecerlas y sanarlas.

Es algo que los orientales conocen muy bien y, mediante la técnica de restauración cerámica llamada Kintsukori, hacen un paralelismo con la VIDA. Resaltan la importancia de saber cómo reparar las heridas emocionales desde el AMOR, para que sirvan de aprendizaje, superación y crecimiento vital.

Tomar conciencia de que muchas de esas heridas que nos llevan a las adicciones, tienen que ver con tener a nuestro **niño interior herido**, hará que te pongas en ACCIÓN para comunicarte con él y ACOMPAÑARLO A JUGAR.

Hemos ido de la mano de grandes ARTISTAS de la historia, a través de los cuales te he invitado a REFLEXIONAR, para que puedas RECONCILIARTE con ese niño que un día decidió esconderse, enterrar los trozos, y ocultar su dolor.

Sácalo a la LUZ.

Te abrirá los portales de la ABUNDANCIA y la PROSPERIDAD que te ayudarán a llevar a cabo tu MISIÓN de vida y hacer realidad tus sueños.

Una vez más el ARTE como vehículo, una vez más el ARTE, al servicio de la HUMANIDAD.

RECUERDA

¡TODO ES POSIBLE¡

LA VIDA ES PURA MAGIA Y MERECE LA ALEGRÍA VIVIRLA EN PAZ, SERENIDAD, ARMONÍA Y FELICIDAD.

LO MERECES.

MERECES LO MEJOR DEL UNIVERSO

¡VIVE!

JUNTOS PODEMOS INSPIRAR A MÁS PERSONAS

Querido lector:

¿Puedo pedirte un favor?

¿Me puedes contar cómo te ha ido? ¿Cuál ha sido tu aprendizaje? ¿Te ha inspirado? ¿Te ha animado a reflexionar? ¿Qué ha sido lo que más te ha impactado?

Me encantará saber de ti.

Te invito a hacer algún comentario en las redes sociales, o mandarme un correo electrónico con un vídeo o una foto. **Con ello me ayudarás a llegar a más personas y contribuir con su bienestar y felicidad a través de mi gran pasión, el ARTE**

Puedes usar el hashtag #tuobradorada si así lo deseas. Podremos entablar un diálogo más activo que ayudará a conocernos mejor.

Tu apoyo es importante. **Muchas gracias por tu compromiso y generosidad.**

Este es sólo el principio del viaje. Tengo reservadas para ti aventuras apasionantes relatadas con infinito amor, en los siguientes libros. ¡Coge tus pinceles, cálzate las zapatillas y sígueme!

Te invito a leer, si aún no lo has hecho, *Tu lienzo en blanco* y *Está en ti, llámala.* ¡Te están esperando!

¡Nos vemos al otro lado!

MILLONES DE GRACIAS POR ESTAR AHÍ.

La Voz de tu Alma

¿Qué puedo decir de *La voz de tu alma*? Es pura magia.

Llegó a mis manos de pura causalidad y resultó ser una auténtica revolución. Desde pequeña había leído libros de crecimiento personal pero este…algo tenía, algo tiene que supera a todos. Conectas con él desde el primer momento.

Recuerdo cuando lo abrí por primera vez, aún no había empezado a leerlo y un gran escalofrío recorrió mi cuerpo; una alta vibración que me decía estaba ante algo que, de alguna manera cambiaría mi vida.

Y así fue. La cambió. Entró en mi vida en un momento en el que me sentía bastante perdida, había vuelto a emprender, pero algo me decía que ese no era el camino que debía seguir. Ese algo era mi intuición, la voz de mi alma.

Me dispuse a empaparme de todos sus principios, a estudiarlos como lo que son, auténticos mensajes del Universo. Tuve fe, y después de años de búsqueda, se encendió la luz y encontré mi verdadera esencia, mi propósito de vida. Al mismo tiempo, me hizo entender también que es necesario ponerse en marcha y tomar acción para lograrlo. Me ha impulsado a ir venciendo mis miedos, paso a paso, peldaño a peldaño; haciéndome ver que hay algo mucho más grande que yo, -Dios, Buda, Universo, como prefieras llamarlo- que está a mi lado y guía mis pasos queriendo siempre lo mejor para mí.

Sólo puedo tener palabras de agradecimiento y amor para La Voz de tu Alma. Gracias Laín por ponerlo al servicio de la humanidad.

Este es un libro que todo el mundo debería leer.

Gracias Gracias Gracias

TU LEGADO

"El universo opera a través de un intercambio dinámico… DAR y RECIBIR son aspectos diferentes del flujo de ENERGÍA en el universo. Y en nuestra voluntad de dar aquello que buscamos, mantenemos la abundancia del UNIVERSO circulando en nuestra VIDA".

Deepak Chopra

Con la compra de este libro estarás donando el 10% de los beneficios a la **Fundación RECAL,** que da apoyo y ayuda para la recuperación de personas que están pasando por algún tipo de adicción. Ya sea a sustancias, aparatos electrónicos, sexo, compras, juego, etc. Lo hacen desde el convencimiento de saber que la curación está ya en cada uno de nosotros. Para ello trabajan al unísono, mente, cuerpo y espíritu; la única forma posible de alcanzar el verdadero equilibrio.

Juntos podemos ayudar a más personas, juntos podemos contribuir a dejar un mundo mejor.

www.fundacionrecal.org

TU LIENZO EN BLANCO

ESTÁ EN TI, LLÁMALA

TU OBRA DORADA

¿Quieres seguir en contacto conmigo?

 @mjoserossello

 MJosé Rosselló

 mjrossellol@gmail.com

BIBLIOGRAFÍA

-ALONSO PUIG, Mario. *Reinventarse. Tu segunda oportunidad.* Plataforma editorial, 2010. Edición digital.

-BANDRÉS OTO, Maribel. *La moda en la pintura: Velázquez. Usos y costumbres del siglo XVII.* Eunsa, 2002

-BECK, James con DALEY, Michael. *La restauración de obras de arte. Negocio, cultura, controversia y escándalo.* Ediciones de Serbal, 1997

-BRADSHAW, John. *Volver a casa. Recuperación y reivindicación del niño interior.* Gaia Ediciones, 2015

-BRETON, Andre. *¿Qué es el surrealismo?* Casimiro libros, 2013

-BRIHUEGA SIERRA, Jaime y RAMÍREZ DOMÍNGUEZ, Juan Antonio. *Historia del arte 4: El Mundo Contemporáneo.* Alianza Editorial, 2018

-BUCAY, Jorge. *Déjame que te cuente...Los cuentos que me enseñaron a vivir.* RBA bolsillo, 2005

-CAMERON, Julia. *El camino del artista.* Aguilar, 2016

-CARROLL, Lewis. *Alicia en el País de las Maravillas.* Gribaudo, 2017

-COELHO, Paulo. *El Alquimista.* Planeta, 1988

-DORIA, José María. *Inteligencia del Alma. 144 Avenidas neuronales hacia el yo profundo.* Gaiga Ediciones, 2004

-de DIEGO, Estrella. *La mujer y la pintura del XIX español.* Ensayos Arte Cátedra, 2009

-ELROD, Hal. *Mañanas milagrosas. Los 6 hábitos que cambiarán tu vida antes de las 8:00.* Zenith, 2016

-FISHER, Robert. *El caballero de la armadura oxidada.* Ediciones Obelisco, 2010

-GARCÍA CALVO, Laín. *La Voz de tu Alma.* Laín, 2016

-GOLEMAN, Daniel. *Inteligencia emocional.* Kairós, 1995

-GOLEMAN, Daniel, KAUFMAN, Paul y RAY, Michael. *El espíritu creativo.* Zeta, 2010

-GOMPERTZ, Will. *¿Qué estás mirando?.150 años de arte moderno.* Taurus, 2016

-GOMPERTZ, Will. *Piensa como un artista.* Taurus, 2017

-GUASCH, Ana María. *XX: Del posminimalismo a lo multicultural.* Alianza, 2000

-HAGHENBECK, F. G. *El libro secreto de Frida Kahlo.* Atria, 2009

-HELLER, Eva. *Psicología del color: Cómo actúan los colores sobre los sentimientos y la razón.* Gustavo Gili, 2010.

-KANDINSKY, Vasili. *De lo espiritual en el arte.* Paidós, 2018

-KLEON, Austin. *Roba como un artista. El diario.* Gustavo Gili, 2017

-KNIGHT, Phil. *Nunca te pares.* Conecta, 2016. Edición digital.

-L. HAY, Louise. *El poder está dentro de ti.* Ediciones Urano, 1991

-L. HAY, Louise y HOLDEN, Robert. *La Vida te Ama.* Editorial Planeta, 2015. Edición digital.

-MAYAYO, Patricia. *Historias de mujeres, historias de arte.* Ensayos de Arte Cátedra, 2018

-MARTÍNEZ VIDAL, Susana. *Efecto Frida.* Espasa, 2018

-MÉNDEZ, Conny. *Metafísica 4 en 1.* Ediciones Giluz, 2017

-MITCHEL, W.J.T. *Teoría de la imagen.* Editorial Acal, 2013

-NORWOOD, Robin. *Mujeres que amaban demasiado.* Editorial Vergara. 2014

-de la ROCHA, Marta. *Historia Ilustrada de la Teoría Feminista.* Editorial Melusina, S.L., 2018

-ROTAECHE GONZÁLEZ DE UBIETA, Mikel. *Conservación y restauración de materiales contemporáneos y nuevas tecnologías.* Editorial Síntesis, 2017

-ROVIRA CELMA, Álex y TRÍAS de BES, Fernando. *La buena

suerte. Claves de la Prosperidad. Empresa Activa, 2004

-RUIZ, Don Miguel Jr. *Los cinco niveles del apego.* Urano, 2013

-RUIZ, Miguel. *Los Cuatro Acuerdos.* Urano, 1998

-SAINT-EXUPÉRY de, Antoine. *El Principito.* Salamandra, 2018

-SANDOVAL, Eva. *¿Y tú qué crees? Conviértete en el creador de tu propia vida.* Urano, 2015

-SEGOVIA, Santiago. *Mindfulness: Un camino de desarrollo personal.* Desclée de Brouwer, 2017

-SENTÍS, Mireia. *Al límite del juego.* Árdora Ediciones, 1994

-SHINODA BOLEN, Jean. *Las diosas en cada mujer. Una nueva psicología femenina.* Editorial Kairós, 2015

-STAMATEAS, Bernardo. *Heridas emocionales.* Ediciones B, S.A., edición digital, 2013

-NAIFEH, Steven. *Van Gogh. La vida.* Atrio, 2014

-THORNTON, Sarah. *Siete días en el mundo del arte.* Edhasa, 2009

-WALSCH, Neale Donald. *Conversaciones con Dios.* Grijalbo, edición digital 2017

-W. DYER, Wayne. *La fuerza de creer. Cómo cambiar tu vida.* De bolsillo, 2016. Edición digital.